대학인과 사회봉사

김정진 · 김미숙 · 김혜경 · 노혁 · 도종수 · 석말숙 공저

서현사

머리말

인간은 경험적 사실과 물질에 관계된 삶의 차원에서 생존하기도 하지만 가치와 의미를 추구하는 실존적 존재이기도 하다. 이처럼 인간은 정신적이고 존엄한 존재이기 때문에 인간다운 삶의 실현을 추구하며, 교육은 이러한 목표를 추구하는 과정에서 꼭 필요한 것이라고 할 수 있다. 따라서 대학교육은 근본적으로 철학과 가치관을 기반으로 메타 교육적 교육이념 위에서 이루어져야 한다.

사회봉사는 한 인간으로서 스스로 타인과 더불어 생활하며 인간의 존엄성과 사랑의 가치를 깨우치고, 사랑의 실천과 선한 삶을 살게 됨으로써 자기실현과 자아초월을 지향한다. 자기실현은 자신을 찾는 일임과 동시에 자기를 성취하는 것이다. 자아초월은 이기가 아닌 이타를 실천하면서 계속적인 성장과 자기회복(self-renewal)의 과정을 통해 이루어진다. 이는 인간의 정신적인 존엄성을 충족하는 삶의 실현과정이기도 하다. 그러므로 사회봉사는 유물론적 가치가 팽배한 경쟁주의적인 사회에서 어느 계층을 막론하고 경험하는 상대적 박탈감과 좌절감을 치유하고 인간성을 회복하는 구체적 실천 활동의 의미를 가진다. 또한 사회봉사는 인간의 존엄성이라는 절대적 가치를 추구하면서 인간다운 삶을 실현하려는 이념과 신념에 기초한다. 그러므로 대학교육이 추구하는 이념적 기초와 사회봉사의 이념은 맥을 같이한다고 할 수 있다. 다시 말해서 사회봉사의 실천을 통해서 대학교육의 이념을 실천하고 주요 교육목표 중의 하나를 성취할 수 있는 것이다.

이에 전국에 180여개 이상 대학에서 사회봉사교과를 개설하고 있을 것으로 판단된다. 대학의 봉사는 전인적인 인간교육을 통한 사회적 관리자로서의 기능을 하는 것을 주요 목표로 한다. 그러나 고유한 대학의 기능은 대학의 성격과 특성에 따라 그 모습을 달리 할 수 있다. 예를 들면 종교를 중심으로 한 대학, 인문사회과학을 중심으로 한 대학, 이 · 공학을 중심으로 한 대학, 직업교육을 중심으로 한 대학 등 대학에 따라서 대학의 사회적 기능이 달라질 수 있다. 이와 마찬가지로 대학의 사회봉사적 기능도 대학의 성격과 특성에 따라 그 모습을 달리 할 수 있다.

기독교대학은 일반대학과 표면적으로는 사회봉사의 큰 차이를 보이고 있지는 않지만 사회봉사의 기능을 수행함에 있어 종교적 관점에 근거하여 사회봉사기능을 수행한다고 보겠다. 이웃사랑의 계명을 근거로 하는 기독교대학의 교육이념 속에는 봉사가 포함되어야하며, 봉사는 기독교대학의 독자적 기능이면서 본질적 특성으로 강조되고 부각되어야 한다. 사회봉사가 기독교대학의 본질적 특성으로서 이해될 수 있는 것은 사회봉사의 가치가 공동참여에 의한 공동복지를 이룩하기 위해서 복지성 · 존엄성 · 자발성 · 자율성 · 상호성 · 연대성 · 창조성을 기반으로 사회적 책임감을 갖고 무보수로 참여하며 민주적 방법에 의하여 조화롭게 실천하는 복지활동이라고 하는 점에서 그렇다. 이러한 사회봉사의 가치관에 입각할 때 매일의 생활을 긍정적으로 감사의 마음으로 받아들이고 더불어 사는 지역사회의 일원으로서 성숙하며, 이웃이라고 하는 공동사회의 개선과 향상발전에 사회적 책임감을 깨닫게 되며, 공동체의 연대성을 생성시키고 사회적 연대감과 선의와 근린애, 자기희생과 자기성숙에 따라 자발적인 활동으로 발전하는 것이다.

기독교대학의 이러한 본질적 특성과 사회봉사 기능의 강조라는 맥락 속에서 나사렛대학교도 기독교대학으로서 사랑실천의 교육이념을 가지고 있다. 그러므로 사회봉사는 나사렛대학교의 5대 기본교육의 하나로서 사회적 책임과 연대의식을 갖고 지역사회 문제해결에 자발적으로 참여하면서 체험학습을 통해 사랑실천의 교육이념을 구체적으로 실현하는 교육목표를 갖는 핵심교과이다.

본서는 핵심교과로서의 사회봉사가 단순한 노력봉사로 그치지 않고 체험적 학습을 통해 자아실현 목표를 성취하도록 돕기 위한 목표를 갖고 사회복지학부 전체 교수의 공동작업에 의해 저술되었다. 본서의 내용은 대학생활과 사회봉사, 관련 제도, 사회봉사자의 자세와 접근방법, 대상별 봉사지침, 평가로 구성되어 있다. 부디 본서가 봉사교육의 목표, 학생의 자기성장, 봉사기관과 대상자의 문제해결 지원에 도움이 될 수 있기를 기대한다. 끝으로 본서의 출판을 기꺼이 맡아주신 서현사 조재성 사장님께 감사의 말씀을 전한다.

2005. 2.

나사렛 동산에서 저자일동

차례

제4장 사회봉사의 대상과 분야에 따른 활동지침

제 1 장

대학생활과 사회봉사

C·H·A·P·T·E·R·O·N·E

1 서론

NOTE

사회학자 니스벳(R.A. Niesbet)이 현대 사회가 붕괴, 분해, 쇠퇴, 불안정, 파손, 정서불안의 상태로 되어가고 있다고 진단한 것처럼, 시민들은 날로 불의와 불신, 불안과 불만, 불쾌에 시달리고 있다(한양대사회봉사단, 1997). 이러한 사회현실 속에서 대학은 학문위주의 상아탑식 고립주의에서 탈피하여 사회변화의 동인(動因)으로서 국가 · 사회발전의 원동력으로서 기능하기를 요구받고 있다. 이러한 요구는 구본호(1987)가 "대학의 교수 및 연구기능의 결과를 직접 사회에 원용하고 변천하는 사회문제와 관련하여 해결전략을 제시하며 새로운 전문기술인을 육성하여 사회참여를 하는 것이 대학의 사회봉사기능"이라고 한 것과 맥을 같이 한다. 이를 토대로 대학의 사회봉사기능을 두 가지 측면에서 정리해 볼 수 있다. 대학이 가지고 있는 교수의 연구와 교육 및 사회활동의 관점에서 볼 때, 하나는 연구업적을 통해 직접적으로 사회에 기여하는 것이며, 다른 하나는 대학이 학생을 바르게 교육하여 사회에서 필요로 하는 인재를 배출하는 것이다.

전통적으로 특권을 누리거나 사회적 우대를 받는 사람들에게 사회봉사는 하나의 도덕적 당위로만 간주되어 왔다. 즉 서양인들이 말하는 '귀족의 의무(noblesse oblige)'와도 같은 것이다. 우리 사회에도 사회지도층의 이러한 의무감이 존재하는가에 대한 논의가 있어 왔으며, 그러한 의무감이 약하다는 부정적인 결론에 이르렀다. 성장위주와 물량주의, 경쟁적인 사회 분위기 속에서 도덕성과 같은 형이상학적 가치와 사고방식이

NOTE

약화된 현실을 고려하면, 대학교육에서 이를 보완해야 할 과제가 주어진 셈이다.

교육학자 김형석(1994)은 가장 소망스러운 미래지향적 가치관은 '인간목적관'이라고 하였다. 그는 인간목적관을 실천하여 그 목표에 도달하는 가장 빠른 길은 봉사정신의 생활화라고 하였다. 그 정신을 소외시키는 종교는 무의미하며, 봉사의지와 신명을 갖추지 못한 교육은 인간성 회복과 성취에 이바지할 수 없다고 강조하였다.

그러므로 오늘날 대학은 사회변화와 사회적 요구에 의해 사회봉사 기능을 담당해야 할 뿐 아니라 근본적인 교육목적의 성취를 위해서도 사회봉사교육을 실천해야 할 과제를 가지고 있다. 이러한 맥락에서 대학의 사회봉사는 단순한 체험적 활동이 아니라 교육적 목표를 가지고 이루어지는 봉사학습에 초점이 맞추어지고 있다. 이에 본 장에서는 사회봉사의 기본이념과 의의, 봉사교육의 필요성, 봉사활동과 인성교육, 대학교육과 사회봉사, 학습으로서의 사회봉사와 봉사교육원칙 및 교육과정에 대하여 살펴보고자 한다.

2 사회봉사의 기본이념과 의의

1) 사회봉사의 개념과 가치

사회봉사는 넓은 의미의 복지(和愛와 행복)활동, 즉 인간성을 회복하고 본질적인 의미에 있어서의 사랑으로 민주복지공동체를 실현하기 위하여 귀중한 한사람 한사람의 마음과 마음을 엮어가는 활동이며, "만남과 사랑과 나눔의 활동", 그리고 한 인간으로서의 삶에 가치를 부여하는 활동이다. 또한 민주복지시민의 자질을 생활 가운데서 몸에 익혀가는 평생복지교육훈련이며 '공동참여에 의한 공동의 복지'를 이룩하기 위하여 존엄성, 자발성, 자율성, 상호성, 연대성 그리고 창조성과 사회적 책임감을 갖고 무보수로 참여하고 민주적인 방법에 의하여 실천해 가는 '사랑의 복지활동'이다(김영호, 1997).

이러한 자원정신(volunteerism)을 기반으로 하는 사회봉사활동은 권력이나 외부의 강제 또는 체면 때문이 아니라, 자신의 삶을 긍정적이고 감사하는 마음으로 받아들이고 지역사회의 진정한 일원으로서 이웃인 공동사회의 개선과 향상발전에 사회적 책임감과 공동체적 유대감을 갖고 자발적으로 참여함으로써 보람을 찾으려는 인간의 가치추구에 기초한다.

그러므로 사회봉사의 본질적 가치는 일방적으로 '주는 복지'가 아니라 인간 상호간에 평등한 관심 속에서 사랑으로 더불어 생활하면서 '함께 참여하는 복지' 그리고 사회적 책임으로 '서로 나누는 복지'에 있다. 이러한 가치에 입각한 사회봉사활동은 경제적 효용을 초월하는 것이며 복지사회가 추구하는 사회통합 및 참여와 연대를 실천하는 공동의 복지증진에 효과를 미친다.

2) 사회봉사의 기본이념과 특성

(1) 사회봉사의 기본이념

인류의 역사를 통해서 볼 때 헌신과 봉사, 자선, 상부상조 등

NOTE

NOTE

의 철학적 · 종교적 · 도덕적 개념들이 사회봉사 동기의 중요한 기반이 되고 있다. 이들 동기에서 이루어진 자발적 행위는 시공을 초월하여 윤리적 원칙으로 진행되어 왔다. 이러한 사회봉사활동의 사상적 기반은 다음과 같다(강철희 외, 2000).

① 상호부조의 정신

상호부조(mutual aid)는 우리라는 공동체의식이나 연대의식의 바탕에서 이루어지며, 우리 나라의 건국이념인 홍익인간의 사상에서 그 근원을 찾을 수 있다.

② 종교적 윤리

근래 사회봉사의 정신은 기독교의 자선(charity)의 사상이라고 할 수 있다. 자선이란 교회에서 신성시되는 자비를 베푸는 행위로서 배고픈 자, 병약자, 고통 받는 자의 당면한 욕구에 대응하여 무엇인가를 주고 베푸는 행위이다.

③ 박애정신

박애정신(philanthropy)이란 비종교적 동기로 19세기 인도주의적인 도덕과 윤리정신으로서 생활곤궁자를 원조하는 민간활동의 기초가 되었다.

④ 민주주의 철학

민주주의 철학은 '같이 있다', '더불어 산다' 즉 '내가 누구와 더불어'의 '이웃'을 인식하는 데에서 출발한다. 이러한 인식은 공동체의식의 구현을 위해 자발성을 강조한다. 이 자발성은 민주주의와 사회봉사를 연결짓는 고리이다.

⑤ 시민참여의 정신

시민참여에서 오는 사회의 이익과 이런 행동의 결과에서 오는 개인적인 만족감을 직접 경험하면서 사회참여에 대한 사명감을 가지게 되므로 시민참여는 민주적인 생활방법 자체이다. 진정한 민주사회의 생존 및 발전은 시민의식에 기반을 둔 사회봉사에 의해 이루어질 수 있다.

⑥ 자발적 참여주의 정신

자발적 참여주의(Voluntarism) 정신은 말 그대로 자유의사 또는 선택에 의해 어떤 행위를 하는 것을 말한다. 이는 사회봉사활동의 주축이 되는 것으로 Voluntarism은 의지를 뜻하는 라틴어의 voluntas에 어원상 기원을 두고 있다. 이는 사회봉사가 철학적으로는 인간의 의지가 지식이나 이성보다는 우선한다는 주의주의 사상에 기초하고 있음을 보여준다.

(2) 사회봉사의 특성

앞서 고찰한 사회봉사의 이념적 기초에서 이루어지는 자원봉사활동은 다음과 같은 특성을 가지고 있다.

① 공익성

공익성이란 자원봉사활동이 특정한 개인이나 직장, 단체의 이익, 종교와 정당의 입장을 초월하여 어려운 이웃과 지역사회 내에 산재하고 있는 사회문제 해결하기 위하여 공익성에 바탕을 두고 있음을 말한다. 다시 말해서 개인이나 집단의 이기가 중심이 영리를 추구하는 된 복지성이 결여된 활동은 자원봉사활동으로 보기 어렵다.

NOTE

NOTE

② 무급성

자원봉사활동은 금전적인 보수를 목적으로 하는 활동이 아닌 것을 말한다. 무급성이란 무상 혹은 무보수를 말하여, 엄격히 말하면 자원봉사활동을 하면서 발생하는 여러 소요경비를 스스로 책임지는 것을 의미한다. 그러나 최근에는 자원봉사활동의 지속성을 위하여 식사비나 교통비에 해당하는 최소한의 활동비를 지급받으며 활동하는 실비자원봉사제도도 도입되고 있다. 즉 무급을 원칙으로 하되 다양한 계층의 사람들이 참여할 수 있도록 여러 가지 지원방법이 모색되고 있다. 그러므로 실비자원봉사는 실비를 지급한다 해도 봉사의 대가로 지불하는 것이 아니라 봉사활동에 소요되는 비용을 기관 측에서 제공한다는 의미로 보아 무급성의 원칙을 훼손하지 않는 것으로 해석되는 경향이다.

③ 지속성

도움을 필요로 하는 적재적소에 자원봉사자를 연결시키기 위해서는 자원봉사활동에 참여를 원하는 사람들을 모집 · 교육 및 훈련 · 배치 및 지도를 해야 하므로 일정한 비용이 소요된다. 이와 같은 비용뿐 아니라 자원봉사를 필요로 하는 곳에 배치하면 일정한 기간 동안 자원봉사활동이 지속되어야 대상자를 위한 목적을 성취할 수 있다. 이는 자원봉사자 입장에서도 마찬가지이다. 즉, 어느 정도 봉사기간을 가지고 지속적으로 참여하여야 자원봉사경험을 통해 그 의미를 발견하고 자기성장을 가져올 수 있기 때문이다. 이러한 맥락에서 최근 사회복지기관에서는 자원봉사를 원할 때 일정기간(3~6개월) 자원봉사를 지속할 것을 약속하고, 업무에 대한 교육과 배치를 하고 있다.

④ 자아실현성

자원봉사활동에 참여하면서 자원봉사자가 얻을 수 있는 가장 중요한 소득 중의 하나가 자아실현성과 자기충족감이다. 이는 어려운 이웃을 도우려는 동기에서 자원봉사에 참여하면서 새로운 경험, 성취감, 보람, 만족감, 폭넓은 인간관계 등의 심리사회적 보상과 사회적 인정을 얻게 되고, 새로운 가치추구를 하게 되며, 자신의 삶에 대하여 수용하고 감사하게 되면서 자기만족감과 자기긍정을 경험하게 되기 때문이다.

⑤ 학습성

한국사회복지협의회 및 대부분의 사회복지기관에서는 자원봉사활동을 하려면 일정한 교육을 이수하도록 사전교육을 제공하는 등 교육을 강조하고 있다. 봉사활동 전에 일정 기간 공식적인 교육을 받음으로써 봉사의 대상과 특성, 봉사활동 지침과 윤리, 봉사자의 태도를 학습하여야 봉사활동과정에서의 시행착오를 최소화하고 편견 없이 수용하는 자세로 도움이 필요한 대상에게 적절한 도움을 줄 수 있기 때문이다. 이러한 사전교육은 봉사활동 체험과정을 통해서 재인식되어 봉사활동의 책임완수를 높일 수 있게 한다. 그러므로 자원봉사활동은 타인에 도움이 되는 것도 중요하지만, 봉사의 준비 · 교육 · 참여과정을 통해서 학습과 태도변화가 이루어지는 교육적 효과의 요소도 매우 중요함을 알 수 있다.

⑥ 협동성

자원봉사활동은 혼자서 할 수 있는 개인적 활동이 아니다. 이는 자원봉사활동이 자원봉사자 자신과 대상자, 조정자 또는 기관지도자 등 여러 사람이 함께 수행하는 체계적 활동이 수반

NOTE

NOTE

되는 면에서 봉사자간, 봉사자와 대상자, 봉사자와 대상자와 기관 간의 연계와 협력이 필수적이기 때문이다.

3) 사회봉사의 의의

사회봉사의 의의는 크게 개인적 의의와 사회적 의의로 나눌 수 있다.

개인적 의의는 자원봉사 활동의 봉사를 통해서 사회적 활동에 참여하는 봉사자 자신에게 의미가 있다는 데에 있다. 봉사를 통해 개인의 시간, 기술, 지식 및 능력을 가치 있고 의미 있는 일에 활용하는 것은, 봉사자 자신의 생활의 의미를 찾게 해주며 자존감과 정신건강의 증진에도 도움을 준다. 또한 다른 사람이나 공공복지를 위한 활동에 참여함으로써 인격의 성숙과 발전을 꾀할 수 있는 기회가 된다(김영정 외, 1985).

사회적 의의는 다음과 같이 세분화하여 생각할 수 있다(문인숙 외, 1984).

첫째, 현대사회복지의 특징 중의 하나는 그 대상이 확대됨에 따라 재정 및 인력의 제한으로 클라이언트가 기대하는 욕구를 모두 충족시켜 줄 수 없는 실정이다. 사회봉사활동은 이러한 사회복지제도의 불충분성을 보완하고 강화하는 의의를 갖는다.

둘째, 사회봉사활동은 시민의 자발성에서 우러나온 민간활동이고 또 그 활동의 과정을 통하여 공동사회의식을 높이는 것이므로 사회복지를 향한 시민참여의 한 형태로서 중요한 의의를 가진다.

셋째, 자본주의 발달로 인한 국민소득의 증대와 기술문명에 의한 노동력의 대치는 많은 여가를 가져오게 했다. 여가문제는 사회문제로 대두되고 있으며 여가의 건전한 이용방법이 제기되고 있는 시대적 배경 아래 사회봉사활동은 어느 계층이든지 개인의 발전뿐 아니라 사회복지에 기여하게 되는 것으로 매우 가치 있는 여가활동이 된다는 점에서 의의가 있다.

이러한 사회봉사의 의의를 고려할 때 사회봉사가 개인적으로는 자아성숙의 기회이며, 사회적으로는 사회적 연대의식을 기반으로 한 사회의식과 사회참여의식 발달에 의의가 있음을 알 수 있다. 이러한 사회봉사의 의의는 기독교의 이웃사랑에 대한 계명의 실천과 깊이 관련되어 있음을 알 수 있다.

3 사회변화와 봉사교육의 필요성

오늘날 우리 사회는 인간성 상실, 극단적 이기주의, 개인주의, 소외된 이웃에 대한 무관심, 계층간의 위화감, 황금만능의 풍조 등 그 동안 산업화에만 치중한 나머지 발생하게 된 여러 사회문제들에 대하여 위기의식을 느끼게 되면서 올바른 인간교육에 대한 필요성을 절감하게 되었다. 또한 개방화 · 정보화 사회, 지식 사회로 대변되는 현대 사회의 문명사적 변화와 도전에 적절하게 부응하지 못하면 낙오할 수밖에 없다는 절박한 인식이 뒷받침되어 1995년 5월 31일 교육개혁위원회에서는 '新교육체제 수립을 위한 교육개혁 방안' 을 발표하였다.

5 · 31 교육개혁 방안에서 밝히고 있는 新교육체제의 비전은 누구나, 언제, 어디서나 원하는 교육을 받을 수 있는 길이 활짝 열려진 '열린 교육 사회, 평생학습 사회' 건설에 두고 있다. 말

NOTE

NOTE

하자면, 대한민국의 모든 국민을 대상으로 거대한 대한민국 학교를 건설함으로써 모든 국민이 자아를 실현하고 교육의 경쟁력을 높여 '교육복지국가(Edutopia)'를 만들겠다는 것으로 풀이된다.

신교육체제에서의 대학교육 관련 목표는 대학운영의 자율화, 연구여건의 세계화, 대학모형의 다양화를 통해 대학이 세계적 수준의 학문과 과학기술 창조의 산실이 되도록 함으로써 사회 각 분야가 요구하는 최적의 자질과 능력을 갖춘 다양한 인재를 양성하는 데 두고 있다. 대학의 다양화와 특성화를 통해 교육의 질을 높이자는 것이 핵심인 대학교육 개혁의 주요 내용을 간추려 살펴보면 다음과 같다(이현청, 1999).

첫째, 사회 각 분야가 요구하는 다양한 능력과 자질을 갖춘 인재를 양성할 수 있도록 다양한 프로그램으로 구성된 대학 모형을 대학 스스로가 자율적으로 설계 · 운영하도록 유도한다.

둘째, 각 지역의 특수성에 알맞도록 대학을 특성화하고, 다전공, 복합학문 연구가 가능하도록 최소전공인정 학점제(총 이수학점의 1/4～1/6)를 도입한다.

셋째, 실무와 이론을 겸비한 세계화 · 정보화 관련(예 : 정보통신, 통상외교, 디자인 등) 전문요원을 양성하기 위하여 학부없는 별도의 단설 전문대학원을 설치할 수 있도록 한다.

넷째, 대학교육의 국제화를 통해 보다 넓은 시각을 지닌 인재를 기르고 세계화에 대비하도록 한다. 이를 위해 국제관계 전문요원 및 지역 전문가 양성을 위한 전문대학원을 설치하고, 국제 지역 연구가 활성화되도록 지원한다. 그리고 국제관계 전문 인력에 대한 정보를 데이터베이스화하여 필요한 전문 인력을 효율적으로 활용하도록 한다.

다섯째, 외국인 유학생 수를 늘리고 이들에 대한 재정지원을 확대하며, 우리 나라 대학의 해외 진출을 지원하는 동시에 한국문화를 교육과정에 반영하여 한국문화의 정체성을 확립한다. 학사과정 학생들의 해외 연수 및 유학 기회를 확대하고 학점 교환제, 자매결연 등을 통한 학생교류를 활성화한다. 또한 PC통신, 인터넷, 인공위성 등을 통한 외국 학생과의 교류 및 학술교류를 장려 · 지원한다.

여섯째, 열린 교육체제의 제도적 기반을 구축함으로써 언제, 어디서나, 누구나 원하는 교육을 받을 수 있도록 한다. 언제, 어디서나 개인이 객관적으로 평가 · 인정된 교육과정을 이수한 경우 학점으로 인정받을 수 있도록 하고, 이것이 누적되어 일정 기준을 충족시키면 학위를 취득할 수 있도록 하는 학점은행제(Credit Bank System)를 도입한다. 그리고 학생이 필요에 따라 시간제(Part Time)로 등록할 수 있도록 하여 직장과 학교를 연결시키고, 또한 교육기관이 서로 연결되도록 한다. 이를 위하여 학점당 등록제, 정원의 자율적 운영, 졸업 연한의 연장 등이 함께 추진되도록 한다. 아울러 대학의 편 · 입학을 용이하게 한다.

일곱째, 첨단 멀티미디어를 활용하는 원격교육 등을 통해 농 · 어촌을 교육장화하고 여성 및 노인의 재교육 기회를 확대하며 원격교육 지원체제를 구축하도록 한다.

여덟째, 대학입학전형제도 개선을 통해 학교교육의 정상화를 기하고 입시제도로 인한 병폐를 줄이도록 한다. 획일화된 암기위주의 입시준비 교육, 과열과외 현상으로 인한 학교교육의 공동화 현상, 학부모의 사교육비 부담 가중 등의 문제점을 개선하기 위하여 대학입학 제도를 개선하되, 국 · 공립대학은 국가가 제시하는 기준에 따라 학생을 선발하고, 사립대학은 대학이 자율적으로 정한 기준에 따라 선발하는 것을 원칙으로 한다.

이상에서 살펴본 바와 같이 대학 교육개혁 방안에서는 대학

NOTE

NOTE

의 개방화, 지역화 및 세계화를 동시에 추구하면서 新교육체제 수립을 위해 대학의 사회봉사 기능을 강조하고 있음을 알 수 있다. 특별히 교육개혁 방안에는 대학의 사회봉사 기능을 활성화하기 위한 방안으로 첫째, 대학의 교육 시설 · 설비 · 정보 · 자료 및 교육 프로그램을 일반에게 개방하고, 둘째, 현장 경험자의 입학 기회를 확대하여 평생교육에 이바지하도록 하며, 셋째, 시민 교양강좌, 직장인을 위한 재교육 프로그램, 여성 및 노인을 위한 복지 프로그램운영 등 다양한 사회교육 기능을 수행하도록 권장하고 있다. 이러한 교육개혁 방안은 어떤 의미에서 보면, 대학교육의 개념과 내용, 그리고 방법을 더욱 넓힘으로써 대학의 지역사회에 대한 기능과 책임을 확충하고 자연스럽게 대학의 사회봉사기능을 강화한 것이고, 동시에 사회봉사를 통한 인성교육을 강조한 것이다.

이러한 맥락에서 대학의 구성원이 단순히 지역에 봉사하는 것이 아니라 근린 지역사회의 문제해결뿐 아니라 해외 지구촌의 문제해결과정에 적극 참여함으로써 공동체 의식과 사회적 책임의식, 가치추구의 재정립 및 인격의 성숙과 같은 인성교육을 동시에 추구할 수 있는 사회봉사교육의 도입이 중요하게 되었다. 사회봉사교육을 통해 학생들은 자유, 평등, 인간존중, 사회문제이해, 공동체의식, 환경보존 등 민주복지 국가의 보편적 가치들을 배울 수 있기 때문이다.

한편 대학의 사회봉사활동의 필요성에 대하여 Stanzel & Feeney (1976)은 다음과 같이 설명하고 있다. 첫째, 각 개인은 스스로 타인에게 혹은 타인과 더불어 봉사하는 자원봉사의 경험을 가짐으로써 인격적 성장을 가져옴과 동시에 자신의 잠재능력을 실현하는 기회를 갖게 된다. 둘째, 자신이 속한 사회에 대하여 공동체 의식과 사회적 책임을 실천할 수 있는 기회를 가진다. 셋째, 사회 및 국가 그리고 전 세계 인류의 발전을 실현하는 기회를 얻게 된다(권해조, 1987).

이처럼 오늘날 대학과 대학교육은 전인교육과 실용주의 교육을 강조하고 있으며 이에 따라 교육이 현실사회와 관련을 맺을 때 비로소 교육의 효과를 거둘 수 있음을 신뢰한다. 따라서 대학은 학생들이 자원봉사활동에 참여하여 강의실에서 배운 학습을 실천하고 스스로 참여하여 노력하는 인성을 기르며, 또한 협동심의 함양과 희생적 봉사정신을 기르며 바람직한 인간으로 성장할 수 있도록 지원하여야 한다.

다음의 쉰들러-라인만과 리핏이 정리한 자원봉사를 요구하는 사회적 추세는(Schindler-Rainman & Lippit, 1971) 대학에서의 사회봉사교육의 중요성을 분명하게 보여주고 있다.

첫째, 전문화와 복잡성으로 상징되는 후기산업사회의 특성상 모든 사회 · 경제적 변화는 전문가 집단이 주도하여, 그 변화에 어떻게 대처해서 살아가야 하는지에 대해서도 전문가에 의존하는 경향이 뚜렷하다. 그러나 전문가 집단의 활동은 특정분야에만 한정되므로 그들이 사회문제 해결에 창의적인 처방을 해줄 것을 기대하기는 어렵다. 이 때 넓은 시야를 가진 자원봉사자가 기관끼리의 상호협조와 활동의 조정역할을 하는 데 큰 도움을 줄 수 있다.

둘째, 보다 나은 삶에 대한 기대와 요구의 폭발적 증가는 사회 여러 부문간의 불신과 경쟁, 양극화와 갈등을 계속 야기시키고 있다. 자원봉사자는 갈등해소를 위한 제3자로서의 역할을 능숙하게 수행해 낼 수 있으며, 그것은 대단히 흥미로운 경험이 될 것이다.

셋째, 사회가 더욱 전문화되고 복잡해짐에 따라 사람들은 점차 무력감과 비인간화 분위기에 침체되어 혼돈 속에서 개인의

NOTE

NOTE

자아를 자문하게 된다. 급격히 확장되는 개인상담 봉사는 전문가의 지도 아래 자원봉사팀의 보조로 강화될 수 있다. 대폭적으로 증가하는 대인봉사에 대한 요구는 전문 인력에 의해서만 충족되기는 거의 불가능하기 때문이다.

넷째, 급격한 가치관의 변화와 직업관의 변화에 따라 사람들이 자유재량으로 쓸 수 있는 시간이 늘고 있다. 이는 자원봉사에 쓸 수 있는 시간과 자원봉사자 잠재력을 지닌 사람의 수가 크게 증가한다는 것을 의미한다. 동시에 '삶의 질'의 지속적인 향상은 여러 형태의 다양한 인적 요구를 증가시키는 것을 의미하며 그것은 많은 새롭고 흥미로운 자원봉사 분야를 개척하게 할 것이다.

다섯째, 오늘날 이미 유급직종의 절반은 생산직이 아닌 대인봉사 관련 직업이다. 특히 고객에 대한 전문가 비율의 대폭적인 증가는 재정상 어려움이 수반되므로 교육, 의료 등의 분야에서 자원봉사자를 보조원 혹은 동역자로 확보·훈련하는 일에 대한 요구가 클 것이다. 또한 개인은 아동기부터 중요한 고용직 분야에서 봉사하는 기회와 훈련을 갖게 되며, 그럼으로써 효과적인 자원봉사자가 될 수 있는 가치관, 동기, 기술을 발전시키고 자원봉사 활동을 자기성장과 지역사회 공헌의 기회로 삼게 될 것이다.

여섯째, 젊은이들은 스스로 교육과 사회화 과정의 방향을 결정해 나가는 경향이 뚜렷하다. 그들은 복잡한 분야를 다루고자 할 때 권위적이 아닌 진정한 도움을 주려는 성인과 선배로부터 그 문제에 대한 전망, 조언, 정신적 지원을 많이 얻기 원할 것이다.

일곱째, 앞으로 사람들은 우리의 자연환경이 유린되고 오염되고 파손되는 문제에 대해 예민하게 반응해 올 것이다. 지방이나 전국 차원에서 정치사회적 환경운동은 주로 자원봉사자의 힘에 의존하지 않으면 안 된다.

여덟째, 평화, 인구, 환경오염, 빈곤, 식량부족, 자연자원 등에 걸친 지구의 문제는 세계적 규모의 효율적인 행동을 필요로 한다. 그런 활동을 시작하고 지도하는 일은 자원봉사자에게 대단히 보람 있는 일이 될 것이다.

NOTE

4 봉사활동과 인성교육의 통합

위와 같은 사회구조와 가치관의 변화는 대학교육의 방향과 영역에 영향을 미치게 되었고, 교육과 봉사활동의 접합을 추구하게 되었다. 즉, 새로운 질문과 새로운 답, 새로운 만남의 장으로서 '교육과 봉사활동'의 접합으로 자발적인 인성교육, 즉 실천적인 인성교육을 도입한 것이다.

인간은 본질적으로 타자와 관계를 맺고 있는 사회적인 존재이다. 그러나 현대사회의 특성 중 하나인 자기중심적이고 자기 이익만 생각하고, 자기 속으로 좁아지고 함몰되어 가는 모순적 인간조건 속에서 젊은이들에게 인간다운, 함께 사는 신뢰와 사랑의 나눔의 공동체를 경험하게 할 교육의 기회가 절실해졌다. 즉, 젊은이들이 추구하는 이상과 가치들을 현실사회 안에서, 대학교육의 일환으로 연결시키는 프로그램의 개발이 필요하다. 따라서, 남을 위해 특히 소외된 이웃들을 위하고 그들과 함께 의미 있는 일을 창의적으로 스스로 찾게 하는 봉사활동이 대학교육에 도입된다면, 대학교육과 생활의 통합으로 이러한

NOTE

교육적 목적을 이룰 수 있을 것이다. 또한, 정의와 사랑의 가치, 생명존중가치, 공동선의 가치, 창의성의 가치, 올바른 연대성의 가치들이 경험과 체험을 통해 자기 것이 될 수 있을 것이다. 이러한 가치교육은 추상적인 이론만으로 또한 강요에 의해서 내면화 · 인간화되는 것이 아니라 감명과 감동을 통해, 경험을 통해 스스로 받아들일 때 성공적으로 될 수 있다. 전문분야 공부와 실천적 봉사는 상반되는 것이 아니라 상호보완적인 교육으로 스스로가 보람을 경험하고 가치를 발견 또는 재발견하게 된다.

인간성(인성교육)은 이러한 학문과 봉사를 접합하는 경험의 결과로서 각 개인의 인격 속에, 그리고 인간관계 속에 배양될 것이고 이 경험의 진리는 그 인격의 일부가 되어 갈 수 있을 것이다. 그리하여 무차별적 정보의 홍수 속에서 나쁜 사상과 풍조를 이길 수 있는 정신적 항체가 생성될 것이다. 나아가 학문공동체인 대학의 풍토와 문화도 달라질 수 있을 것이다. 아울러 인간 생명의 가치와 공동선의 가치, 연대성의 가치, 정의 · 사랑의 가치를 바탕으로 한 권리와 책임이 통합되고, 자유 즉 선택의 자유가 참된 진리를 선택함으로, 선과 악에 대한 식별력이 자라게 될 것이다. 봉사받기보다 봉사하는 젊은이들이 많은 공동체로 모습을 드러내게 될 것이다(이현청, 1999).

자원봉사활동을 통해서 기대할 수 있는 보다 더 구체적인 인성 교육적 효과로서 다음과 같은 것을 들 수 있다.

첫째, 자원봉사활동은 학생들로 하여금 타인과 협력하고 인간관계를 유지하게 함으로써, 학생들은 자기발전과 성숙에 기반이 되는 사회성을 기르고 자아를 실현할 수 있다(김덕준 외, 1983). 인간은 사회를 떠나서는 존재할 수 없는 것이다. 따라서 자원봉사활동은 중요한 교육의 목표인 사회성의 발달과 건전한 인격형성을 위한 보다 많은 개인과 집단 간의 접촉기회를 제공함으로써 타인과 원만히 교제하며 생활을 영위해 나가도록 많은 도움을 줄 것이다.

둘째, 취미향상을 도모하고 여가를 활용할 수 있다. 취미의 신장과 여가를 보람 있게 보낸다는 것은 사회에서 필요로 하는 가치로운 인간으로 기를 수 있는 방법으로써 중요시된다. 자원봉사활동은 여러 방면에서 다양하게 전개되고 있으므로, 학생들은 자발적인 선택에 의하여 취미에 맞는 활동에 참여함으로써 취미의 향상은 물론 여가를 보다 보람 있게 활용할 수 있을 것이다.

셋째, 자신의 적성을 발견할 수 있는 기회를 제공하며, 새로운 기술을 학습할 수 있게 하고 이미 가진 기술을 더욱 발전시킨다(김상균 외, 1986). 학생들은 다양한 자원봉사활동에 참여함으로써 미처 자신이 발견하지 못했던 적성 또는 소질을 발견할 수 있는 기회를 갖게 된다. 적성을 발견하여 키워나간다는 것은 교육적으로 중요한 목표가 될 수 있으며, 아주 다양하게 이루어지는 자원봉사활동은 적성발견의 좋은 기회가 될 것이다.

넷째, 신체적 · 정신적 건강을 지닌 전인적인 인간으로 성장할 수 있다(김상균 외, 1986). 현대사회에서 필요로 하는 인간은 특수한 분야의 전문지식을 갖춘 동시에 그 이외의 타 분야에 대한 일반적 소양을 함께 지니고 있으며 신체적 · 정신적 · 정서적 건강을 지닌 인간, 즉 전인적 인간이라 할 수 있다. 따라서 자원봉사활동은 학생들로 하여금 자신에게 필요하다고 생각되는 영역의 여러 가지 활동에 참여하게 함으로써 전인적인 인간으로 성장시킬 수 있다.

다섯째, 자신감을 갖게 하고, 잠재적인 지도력을 개발하여

NOTE

NOTE

학습경험을 보다 풍부하게 한다. 자원봉사활동은 학생들로 하여금 집단 내에서 자기발전 혹은 자기표현을 할 수 있는 보다 많은 기회를 가지게 함으로써 자신감을 갖게 하고 이를 위해 많은 사람들과 보다 많은 인간관계를 맺음으로써 지도자적 인격의 함양은 물론 여러 가지 문제를 토론하고 지식과 정보를 교환함으로써 학습경험을 보다 풍부하게 한다.

여섯째, 민주주의 정신을 함양한다. 물질만능주의로 팽배한 현대사회에서 자칫 이기주의로 흐르기 쉬운 학생들에게 적극적으로 모든 일에 참여하는 자발정신과 협동정신을 일깨워줌으로써 민주주의 사회에 기반이 되는 민주주의 정신을 함양할 수 있다.

일곱째, 사회적으로 필요하고 유익한 행위의 만족한 체험을 통해 사회를 올바로 이해하고 불건전한 일탈행동을 예방한다(권해조, 1987).

5 대학의 기능과 사회봉사

1) 대학의 기능

전통적으로 대학이 수행하는 중요한 기능은 크게 세 가지로 볼 수 있다. 첫째, 학문을 전수하고 배우는 교수의 기능, 둘째, 진리탐구와 학문을 창조하는 연구의 기능, 셋째, 연구의 기능과 교수의 결과를 직접 사회에 환원하는 사회봉사의 기능이다.

대학은 독일의 교육학자 훔볼트 이래 상아탑 혹은 아카데미

즘의 본산으로 일컬어져왔으나, 21세기에 접어들면서 진리의 탐구와 기초적 지식체계의 교육 외에도 대학이 속한 지역사회의 요구와 필요에 합의해야 한다는 사회적 요구에 의한 사회봉사의 세 번째 기능이 점차 부각되면서 대학의 사회봉사교육이 더욱 증대되고 있다. 이는 19세기에 들어와 계몽주의적 합리주의와 경험주의, 미국과 프랑스 혁명의 충격, 독일대학의 영향, 미국사회의 실용주의 요구의 발생 등이 대학의 성격과 이념을 변화시키는 중요한 요인으로 작용되어 온 것과 관련이 있다(강무섭, 1990).

이처럼 대학은 사회적으로 그 기능의 변화를 요구받고 있는데 위에서 지적한 교육, 연구, 사회봉사 외에도 응용연구(applied research), 현장교육(area education) 및 복합적 봉사(comprehensive service) 기능을 위주로 하는 기능체제의 변화를 요구받고 있는 것이다(한국대학교육협의회, 1996).

21세기에 요구되는 대학의 기능은 다 기능적이며 국가의 역할이 미치지 못하는 소외된 부분에까지 도움을 주는 데 있다. 즉 지방자치시대가 되면서 대학은 그 지방의 중심으로서 사회를 위해 올바른 인격을 지닌 인재를 양성하고 민주시민을 위한 정치적 사회화, 고등문화의 사회화 기능을 수행해야 한다. 또한 지식기반 사회, 지식정보화 사회로 변모하는 새로운 문명사적 전환기에서 21세기가 필요로 하는 인재를 양성해야 할 책임을 가진 대학은 지식을 인간과 사회의 진보에 적용할 수 있는 인재, 새로운 시대를 위한 공동체적 헌신의 정신을 지닌 인재, 삶의 깊은 체험을 통해 공존공영하는 정신으로 학문하는 인재를 양성해야 할 과제를 안고 있다(한국대학교육협의회, 1996).

이처럼 오늘날의 대학은 사회를 위해 사회가 필요로 하는 인

NOTE

NOTE

재를 양성하도록 요청받고 있으며, 사회문제의 해결과 직결되는 실용적인 지식창출의 요구를 받고 있다. 대학은 그 시대가 요구하는 인재를 배출할 책임이 있으며 사회적 요구에 민감한 책임성 있는데, 현실적 기반의 지식은 사회봉사라는 학습으로 성취될 수 있으므로 어느 때보다도 사회봉사 교육이 강조되고 있다.

2) 대학의 사회봉사기능

대학의 사회봉사기능은 미국의 고등교육이 발전하는 과정에서 형성되어 현대 고등교육의 3대 본질적인 기능으로 정착되었다. 이는 대학의 존재이유가 대학구성에 있어서의 보편성 원리에 상응하여 사회문제에 대해 책임을 지고 미래사회를 설계하는데 있는 만큼 대학의 연구 및 교육기능의 투입요소로써 사회봉사기능을 산출하여 인류복지에 기여해야 함을 의미한다. 대학에서의 새로운 지식탐구, 지식의 전달 기능은 그러한 과정에서 새로운 지식을 전달받은 피교육자가 직접적으로 사회발전에 기여하고 사회병리현상을 치유하도록 하는데 중점을 두어야하며 이러한 교육효과를 극대화하기 위해 이미 교육과정에서부터 사회봉사정신을 길러 주어야한다(경원대사회봉사단, 1998).

대학의 교육은 최고의 지성을 기르는 인간화체제에 중점을 두고 있으며, 지식이 있는 곳이라는 뜻에서 대학 자체를 묘사하기도 한다. 대학이 가지고 있는 지식과 여러 가지 능력을 포함한 대학의 가능성과 기능 중에서도 사회봉사의 수행은 사회비평, 사회문제의 해결 또는 사회적 활동, 가치와 이념을 바탕으로 한 봉사활동으로 볼 수 있다. 이와 같은 대학의 사회봉사는 다음의 세 가지 형태로 구분될 수 있다(주성수, 1995).

첫째, 교수의 연구와 교육 및 사회활동 그리고 대학 연구기관의 연구업적이 직접적으로 사회에 기여하는 일이다. 대학에서 수행되는 연구의 대부분은 기초연구 분야의 지식을 축적하는데 도움을 주지만 때로는 사회문제를 해결하는 데 직접 활용될 수 있는 연구들을 수행하기도 한다.

둘째, 대학의 문화나 교육시설 및 인적자원을 개발 · 활용하는 방식의 사회봉사이다. 대학은 그 존재 자체가 지역사회에 영향을 미치지만 운동장이나 도서관, 박물관 등 자체의 시설을 지역사회 주민에게 개방함으로써 문화, 오락 등의 활동을 제공할 수 있다. 나아가서는 보유하고 있는 인적 · 물적 자원을 활용하여 주민들이 원하는 교육프로그램을 제공할 수 있다. 구미의 여러 대학에서는 학교 외 성인교육 또는 학교확장교육 등을 실시하고 있으면 우리 나라에서도 점차 많은 대학이 이런 활동에 참가하고 있다.

셋째, 대학인이 사회에 직접 참여하는 것이다. 여기서 대학인이란 교수와 학생을 의미한다. 현대 사회는 대학인의 역할에 대한 사회적인 기대나 요구가 다양하여 그들을 상아탑 안에만 두지 않고 정보나 자문을 구한다. 뿐만 아니라 그들에게 실제 프로그램의 집행이나 수행 등 공공활동의 참여를 요구한다.

이처럼 최근에 들어 사회에 기여하는 대학의 봉사활동이 강조되고 있는 것은 대학이 평생교육 및 계속교육에 대한 요구에 부응하고, 대학의 인적 · 물적 자원을 활용하여 다양한 형태의 사회봉사프로그램을 운영함으로써 지역사회와 함께 호흡하며 발전하기를 국가 · 사회가 기대하고 요청하기 때문이다. 이러한 대학의 사회봉사기능은 교수 및 연구 기능에 의한 결과를 직접 사회에 활용하기 위한 활동이며 변천하는 사회문제와 관련하여 새로운 전문인의 육성활동과 사회참여활동을 의미한다.

NOTE

NOTE

6 대학사회봉사교육의 역할과 기능

대학사회봉사교육은 서비스 학습(service learning)과 만남 학습(encounter learning) 그리고 자원 학습(volunteer learning)의 복합적 의미를 내포하고 캠퍼스와 캠퍼스 이외의 확대된 교육을 뜻한다. 특히 강단교육의 차원을 벗어나 실천교육을 강조한다는 데서 '행함의 교육(learning in action)' 이라 볼 수 있고 이점에서 대학사회봉사교육의 역할과 기능을 이해해야 될 것이다.

1) 대학사회봉사교육의 역할

대학사회봉사교육은 학생으로 하여금 삶을 확충하고 자신을 다시 재음미하는 중요한 의미를 지닌다. 대학사회봉사교육의 역할도 이러한 점에서 출발해야 할 것이다. 대학사회봉사교육의 역할은 대학의 측면과 사회적 측면 그리고 학습자의 측면에서 검토될 수 있다.

특히 근래 대학의 기능과 역할의 변모에 따라서 대학의 확충이 급격히 이루어지고 있고 전통적 대학의 개념도 신 대학이나 비전통적 대학의 개념으로 바뀌고 있는 점을 감안할 때 사회봉사교육의 역할은 더욱 증대할 것으로 예견된다. 가상대학은 off－campus의 개념을 벗어나 탈 캠퍼스(de－campus) 또는 캠퍼스 없는(campusless) 대학의 모습을 지니고 있음으로서 사회와 사회 구성원 그 자체가 교육대상이자 교육의 장이 되고 있는 실정이다. 이점에서 대학사회봉사의 역할도 학습내용, 학습대상, 학습장면 등의 제반 특성 면에서 삶의 교육적 의미로서 전환될 수밖에 없다. 그러므로 대학사회봉사교육의 역할은 다음 몇 가지 관점으로 이해될 수 있을 것이다(이현청, 1999).

첫째, 대학사회봉사교육은 공민성 함양 교육의 역할을 하게 된다. 일반적으로 대학사회봉사교육과정에서 인간과 인간의 만남, 사회성원으로서의 사회문제 이해, 학습하는 대학생으로서의 미래의 시민적 경험의 습득 등의 기회를 갖게 됨으로써 사회 속의 자신과 국가 속의 자신에 대한 이해의 폭을 넓히는 기회를 갖게 된다. 이러한 체험과 만남을 통해 공민성 함양 교육의 역할을 수행하게 된다.

둘째, 대학확충의 역할을 수행하게 된다. 대학확충의 의미는 캠퍼스 내의 제한된 교육활동의 차원을 벗어나 사회현장이나 사회구성원들과의 교호활동을 한다는 뜻이다. 대학사회봉사교육은 이러한 의미에서 대학교육을 확충하는 역할을 갖게 된다.

셋째, 대학사회봉사교육이 지니고 있는 역할은 인간교육의 기회를 제공한다는 데 있다. 사회봉사교육은 자원적인 봉사활동이요, 봉사를 필요로 하는 기관과 대상에게 필요한 서비스와 도움을 주는 교육이다. 그러므로 무엇보다 인간교육의 기회를 제공한다는 데서 그 중요성을 인식할 수 있다. 도움을 필요로 하는 대상에게 도움을 제공해주는 과정에서 자기 스스로를 성찰할 수도 있고 새로운 거듭남의 삶을 살 수 있도록 하는 역할을 갖는다.

넷째, 대학사회봉사교육의 역할 중 하나는 직접적인 도움을 제공하고 실천하는 역할이다. 대학사회봉사교육은 봉사를 필요로 하는 대상과 기관 그리고 대학 내부에서 직접적인 도움을 제공하고 실천하는 기능을 수행하게 되는 계기가 된다. 특히 사회봉사 영역이 노약자, 사회로부터 소외를 받는 집단, 사회

NOTE

NOTE

적 문제 영역 등이 주가 되므로 이러한 실천의 기능을 수행한다는 데 그 역할을 부여할 수 있다.

다섯째, 대학사회봉사교육은 사회통합과 재건의 역할을 수행한다고 볼 수 있다. 봉사사회는 일반적으로 인간의 만남이 있고 건전한 지역사회의 보존이 가능한 사회이다. 그러므로 봉사정신과 봉사활동 등을 통해 사회구성원들 간의 심리적 연대가 가능하고 그 체제 면에서도 각 영역간, 지역간, 기관간의 통합을 촉진시키는 역할을 수행하게 된다. 이와 함께 대학사회봉사교육을 통해 사회적 정화와 보완을 해나감으로서 사회재건의 역할을 수행하는 결과를 갖게 된다. 물론 이러한 과정에서 사회기관간의 연대가 촉진되고 대학과 지역사회간의 연대도 강화될 수 있다.

여섯째, 대학사회봉사교육의 역할 중 하나는 공공서비스(public service)와 지역사회서비스(community service)의 협조체제의 구축을 통해 봉사네트워크를 구성하는 촉매 역할을 수행하게 된다는 점이다. 대개 정부기관이나 준 정부기관에서 수행되는 공공서비스 부문과 자원단체나 기관 또는 단일지역사회 중심의 사회봉사 체제 간에는 긴밀한 협조체제가 부족한 경우가 많다. 대학사회봉사교육을 통해 이들 기관간의 연계가 강화될 수 있고 사회봉사체제가 구축될 수 있는 계기가 된다. 이러한 점은 결국 대학사회봉사교육의 의미 있는 역할 중의 하나라 할 수 있다.

일곱째, 대학사회봉사교육의 역할 중 하나는 건전한 대학문화의 정착을 유도할 수 있는 데서 찾아볼 수 있다. 대학사회봉사교육이 정착되고 대학생들이 봉사활동에 참여하게 됨으로써 불건전한 대학문화가 건전한 방향으로 전환될 수 있는 계기를 마련하게 된다.

여덟째, 대학사회봉사교육의 역할 중 다른 하나는 자기개발의 기회를 제공한다는 데 있다. 대학사회봉사교육은 봉사교육에 참여하는 학생들 스스로 자신의 삶을 재정립하고 보다 나은 삶을 추구할 수 있는 촉매작용을 하는 역할을 담당하게 된다. 특히 대학생들로 하여금 봉사정신을 촉발시키는 데 큰 역할을 수행하게 된다.

아홉째, 대학사회봉사교육의 역할 중 하나는 '봉사중심 사회' 혹은 '봉사적 사회'를 정착시키는 데 기여하게 된다. 대학사회봉사교육과정을 통해 사회를 봉사적 사회, 즉 봉사가 중시되고 삶의 한 부분으로 인식되는 사회로 전환시키는 데 기여하게 된다.

이외에도 대학사회봉사교육의 역할과 관련하여서는 다각적 관점에서 다른 측면의 역할이 열거될 수 있고 논의가 될 수 있을 것이다. 다만 대학사회봉사교육의 주요한 역할은 사회간의 연대구축, 개인의 자기개발, 지역사회 안에서의 대학의 역할확대, 사회의식의 계발, 삶에 대한 가치와 도덕재무장 등이라고 볼 수 있다.

2) 대학사회봉사교육의 기능

대학은 사회 속에 존재하며 그 사회로부터 교육, 연구, 봉사에 필요한 자원, 인원, 권한, 정보 등을 지원 받으며 또 대학은 기타 사회체제의 기능수행에 필요한 지식, 인력 등을 제공한다. 사회 각 분야에서의 전문화, 다양화는 그 체제 속의 사람들이 변화에 적응키 위한 능력과 지식, 그리고 문제해결을 위한 도움을 줄 수 있는 한편, 학문과 현실 사이의 격차를 좁히고 현

NOTE

NOTE

실적 문제에 대한 자료를 얻을 수 있을 뿐만 아니라 또한 학생들의 현실경험을 넓히는 이득도 얻게 된다(김인희, 1972).

그러나 한국의 학교교육의 특성으로 지적되는 것은 학교교육이 사회 · 경제 발전에 효율적으로 활용되지 못하고 학교와 사회현실과의 거리가 멀다는 점이다. 학교는 개인의 출세나 사회이동을 위한 형식적인 방편을 제공하는 것에 지나지 않고 교육내용은 현실적으로 무용지물이 되는 경우가 적지 않다. 국가와 지역사회가 요구하는 것과는 거리가 먼 학교교육 내용의 개선이 절실히 요구되는 것이 한국의 실정이다(김성이, 1988).

대학교육의 이념과 기능을 수행 · 실현하기 위해서는 단순한 강의와 실험실습의 지도 방법, 다시 말해 교과 또는 학문적인 활동만으로는 대학교육의 목적을 충분히 실현할 수 없는 것이 사실이다. 특히 강의를 통한 교육에서 부족하기 쉬운 것은 생생한 경험, 자율적 판단, 집단의 의사결정, 실천력, 협동, 봉사 등의 시민적 자질을 기르는 문제일 것이다. 이와 같은 교육적 문제에 대처하기 위해서 보다 효과적으로 수행해 나갈 수 있는 활동이 일부 대학에서 실시되고 있는 사회교육 현장실습의 한 부분으로써 사회재건 기능과 관계된 자원봉사활동이라 할 수 있다(권해조, 1987).

따라서 우선 학교교육은 학생들에게 사회에 대한 전반적인 이해와 적극적인 관심, 그리고 사회학적인 통찰력을 고양시키고 동시에 능동적인 사회참여의 의지를 심어주어야 한다. 그런 의미에서 지역사회는 학생들의 생활의 장인 동시에 학습의 장이 되어야 한다(이홍구, 1981). 또한 현대의 지역사회는 학교로 하여금 단순히 학생들에게 필요한 지식과 기술만을 가르쳐 주기를 바라는 것이 아니라 지역사회의 중심이 되고, 통합된 부분으로서 기능할 것을 기대한다. 이것은 학교에 대한 지역사회의 역할기대로써 지역사회 발전에 공헌할 수 있는 교육뿐만 아니라 지역사회의 문제를 해결하는 데 지도적 역할을 해 주기를 기대하고 있는 것이다.

이러한 지역사회의 기대에 부응하여 학교 특히 대학은 인재의 양성이라는 협의의 목적에서 벗어나 전문지식과 기술을 사회에 환원시키고, 사회의 발전을 도모하는 봉사적 자세를 가져야 하며, 학문적 연구 결과를 현실에 적용해 봄으로써 실제적 이론 개발에 노력해야 한다. 이와 같은 대학교육이 지닌 사회적 기능을 최대한 실현하기 위해서는 지역사회복지, 나아가서는 전반적인 사회복지와의 관계를 강화해야 한다. 대학의 사회적 기능을 문화유산의 전달, 사회적 지위의 결정, 지역사회복지 및 발전이라고 규정짓는다면(이규환, 1981) 사회복지와 학교는 서로 밀접한 관계를 지닌 사회의 중요한 제도적 장치임을 알 수 있다. 특히 사회의 젊은 성원으로서 청소년들의 인간적 사회생활에 기초가 되는 지역사회복지를 위한 학교의 기능은 두 가지 관점에서 고찰될 수 있다. 첫째는 지역사회의 젊은 성원으로서 청소년들, 즉 학생들을 위해서 학교측이 복지적 지도를 하는 것이고, 둘째는 일반 지역사회인을 대상으로 하는 복지적 활동을 수행하는 것이다(이규환, 1981). 그러므로 사회봉사교육은 대학의 이러한 사회적 기능을 구체적으로 실천하는 기능을 담당하게 된다고 볼 수 있다.

NOTE

NOTE

7 사회봉사교육의 교육목표와 실천 원칙

1) 학습으로서의 사회봉사

사회봉사가 교육으로서 역할을 하려면 학습의 기회 및 효과에 대해 고려하여야 한다. 봉사학습은 1980년대 후반부터 미국에서 시작된 것으로 자원봉사를 교과과정에 통합하여 학교가 철저히 학생들의 자원봉사활동을 수업을 통해 조직적 · 체계적으로 개입하는 방법을 말한다(중앙일보, 1995).

봉사학습의 정의는 봉사와 학습의 관계에 따라 네 가지 형태로 해석되는데, 첫째, 목적차원에서 학습의 목적이 일차이고 봉사결과는 이차라고 보는 견해, 둘째, 역할차원에서 봉사가 일차이고 학습이 이차라고 보는 견해, 셋째, 봉사와 학습을 두 개의 별개 용어가 합성된 것으로 보는 견해, 넷째, 봉사와 학습을 동등하게 보는 견해이다. 일반적으로 봉사학습은 네 번째의 견해를 따르고 있는데, Jacoby의 정의에 의하면 '봉사학습은 하나의 실천적인 교육으로서 학생들의 학습과 발전을 향상시키기 위해 의도적으로 구조화된 기회를 통해서 인간과 지역사회의 욕구를 함께 해결하고자 학생들을 봉사활동에 참여시키는 교육을 말한다' 고 한 것을 통해서 이를 알 수 있다(김성이, 1997). 이러한 봉사학습의 개념은 '행동에 의한 학습(learning by doing)' 혹은 ' 경험에 의한 학습(learning through experience)이라는 교육적 가치를 중시하는 경험교육 철학에서 유래된 개념이다(김정숙, 1991).

위와 같이 사회봉사가 교육의 기회로 기능하며 학습으로 이루어지려면 교과과정에 통합되어 구조화되어야 한다는 견해가 지배적이다. 구조화 된 봉사학습은 반성(reflection)과정과 상호 교환성(reciprocity)과정의 두 축으로 구성된다. 반성과정이란 학습과 발전이 봉사경험으로 이루어지는 것이 아니고 학습과 발전을 강화하려는 반성을 통해서 이루어진다는 개념이다. 봉사학습과정은 봉사대상자, 동료, 담당지도자로부터 반응을 얻는 기회가 있어야 한다(김성이, 1997). 이런 성격은 봉사학습에 교육적 가치를 부여한다는 점에서 봉사학습은 단순한 자원봉사와는 구별되어야 한다.

NOTE

2) 봉사교육의 목표

대학교육 현실에서의 봉사학습이란 학생 입장에서 뿐만 아니라 교수, 연구 등 보다 포괄적인 광의의 개념으로 이해되어, 학업－봉사 연계, 봉사에 기초한 교수 · 학습 · 연구, 아카데미에 기초한 봉사 등과 동의의 개념으로 사용되고 있다(한국사회복지관협회, 1996).

이러한 봉사학습이 지향하는 보다 구체적인 교육적 목표를 학생 개인 차원에서 정리하여 보면 다음과 같다(대학사회봉사협의회, 2001).

첫째, 학생 개인의 지적 발전 및 기본 기술의 습득과 발전을 가능케 하여 준다. 사회봉사활동이 이루어지는 현장과 같은 특정 상황에 대한 문제의식을 갖추고, 문제를 합리적으로 해결하기 위한 문제해결능력을 키워주며, 다른 계층의 사람들과 의사소통 기술과 같은 능력을 키워 준다.

둘째, 도덕과 윤리의 중요성을 일깨워 준다. 학교교육이 추구하는 교양교육 중 가장 중요한 부분이 곧 도덕과 윤리에 대

NOTE

한 교육이라면, 사회봉사활동은 자신의 직접 체험을 통한 도덕과 윤리적 가치판단 능력을 자연스럽게 갖추도록 하는 교육적 효과를 발휘할 수 있다.

셋째, 다양한 문화에 대한 이해를 할 수 있는 기회를 제공하고, 시민으로서의 사회적 책임감을 갖도록 한다. 더불어 사는 공동체를 만들기 위한 방안에 대한 탐구와 같은 교육적 가치를 지니며, 자신과는 다른 사회 환경에 처해 있는 다양한 사람들과 접촉함에 따라 더불어 사는 지혜를 가질 수 있다.

마지막으로, 개인적 성장에 많은 도움이 된다. 사회봉사활동과 같은 직접 체험이 갖는 교육적 장점은 자신의 자유의지로 사회봉사자가 되어 스스로 배움으로써 성인으로 성장하는 과정에 많은 도움을 제공받을 수 있다.

3) 사회봉사교육의 기본원칙

미국의 전국경험교육협회(National Society for Experimental Education)의 연구진은 사회봉사교육이 지향하는 교육적 목표와 이를 바탕으로 프로그램의 내용이 추구해야 하는 10개의 기본원칙을 설정하였다(한국대학사회봉사협의회, 1997).

첫째, 사회봉사 프로그램에는 공동의 선을 추구하기 위한 책임 있고 진취적인 인물들이 가담되어야 한다. 사회봉사교육 프로그램 참여자는 그 자신들과 사회가 중요하다고 인식하는 과제를 선정해야 한다. 이를 위해서는 개인의 선험적 지식이나 경험의 수준을 넘어서야 한다. 소극적인 관찰자가 아닌 적극적인 참여자가 되기 위해서는 개인의 행동에 책임감이 필요하며, 과제를 수행할 권한을 지니며, 그 같은 과제의 수행이 참여자들에게, 자신들과 다른 사람들에게 미치는 영향을 경험할 수 있는 기회가 부여되어야 한다.

둘째, 사회봉사 프로그램은 사람들에게 자신들의 사회봉사 경험을 비평할 수 있는 조직화된 기회를 부여해야 한다. 참여자들은 도덕적인 문제와 윤리적 갈등과 관련된 문제들에 대하여 다른 사람들과 토론하며 사회적 공동선에 이르도록 하여야 하며, 이 과정에서 나타난 문제나 오류에 대한 개인적인 반성을 통하여 사회적 책임감 · 적극적인 시민의식을 갖게 한다.

셋째, 사회봉사 프로그램은 참여자 모두에게 분명한 사회봉사와 학습목표를 구체화시켜야 한다. 프로젝트 시작 단계부터 참여자와 수혜자는 어떤 일이 달성되어야 하며, 무엇을 배울 것인가에 관해 확고한 인식을 가져야 한다. 이는 사회봉사 자체가 체계적인 과정을 통하여 이루어질 때 가능한 것이며, 참여자와 수혜자 모두가 이점에 대하여 창의적인 의견교환을 통해 분명한 타협점을 찾아야 한다.

넷째, 사회봉사 프로그램은 사회봉사 수혜자가 봉사의 필요성을 인식할 수 있는 욕구를 갖도록 하여야 한다. 사회봉사의 필요성에 대한 명확한 정의는 일차적으로 수혜자가 되며, 그밖에 프로그램 담당자, 정부관리 등이 공동의 노력으로 달성할 수 있다.

다섯째, 사회봉사 프로그램은 사회봉사자와 기관조직의 책임을 분명히 하여야 한다. 학생과 교사, 지역사회 지도자, 감독관, 후원조직, 프로그램 수혜 개인과 집단 등 모든 참여자의 역할과 책임이 프로그램 초기 단계에서 세심한 협상 과정을 통하여 규명되어야 하며, 이는 사회봉사활동 과정에서 발생할 수 있는 각 구성원들 사이의 갈등을 최소한으로 억제할 수 있는 기제로 작용하게 된다.

여섯째, 사회봉사 프로그램은 상황의 변화를 감안하는 준비

NOTE

NOTE

과정을 통해 서비스 제공자와 서비스 욕구를 연계지어야 한다. 사회봉사 프로그램이 제공하는 서비스와 학습을 통하여 변화되는 상황을 예측해서 서비스 욕구 변화와 서비스 기술 변화에 대한 지속적인 피드백의 기회를 제공해야 한다. 이를 통하여 수혜자의 욕구에 보다 능동적으로 대처하게 되며, 이는 궁극적으로 사회봉사활동의 효율성과 효과성 등을 꾀할 수 있게 한다.

일곱째, 사회봉사 프로그램은 조직의 진지하며 적극적이고 일관된 실천을 기대해야 한다. 프로그램의 효과성을 높이기 위하여 후원조직과 수혜조직 모두로부터 강력하고 지속적인 실천이 뒷받침되어야 한다. 특히 해당 조직의 행정적 · 재정적 지원과 함께 적절한 물리적 공간 · 시설 · 수송 등이 제공되어야 한다.

여덟째, 사회봉사 프로그램은 목표 달성을 위해, 훈련, 감독, 모니터링, 지원, 인정 및 평가 등이 뒤따라야 한다. 이는 프로그램의 제공자와 수혜자 양측의 쌍방 책임과 긴밀한 커뮤니케이션에 달려 있는 문제이다.

아홉째, 사회봉사 프로그램은 시간적인 여유를 지녀야 하고, 이는 관계자 모두의 이해에 부합되어야 한다. 해당 프로그램마다 경험의 기간과 시간의 양이 융통성 있게 결정되어야 한다.

마지막으로, 사회봉사 프로그램은 보다 다양한 계층의 참여와 역할을 기획하여야 한다. 연령별, 성별, 경제계층별 다양성뿐 아니라 민족적 · 인종적 · 종교적 배경의 다양성이 반영될 수 있도록 기획되면 바람직하다.

위와 같이 봉사학습의 교육원칙을 살펴본 결과 사회봉사가 교과과정으로서 분명한 교육목표와 교육과정을 가지고 사회봉사 프로그램을 구조화하여야 함을 알 수 있다.

이를 고려하여 대학의 사회봉사교육을 위한 모형을 다음

[그림 1−1]과 같이 정립해 볼 수가 있다. 그림의 아래쪽으로 이동할수록 대학의 관여 책임이 커지고 있다(박찬석, 2000).

동아리 활동	동아리가 스스로 봉사활동을 할 때 대학에서 지원
중개 알선	대학에서 봉사활동안내 센터를 운영하여 수혜가 어디이고 어떠한 봉사를 원하는지를 조사하여 대학의 사회봉사자와 연결하는 업무
학점 인정	사회봉사 교과목에 대하여 학점을 인정해 주는 제도 개선
교과 실습	교과목내의 일부로 사회봉사를 의무화 하고 있는 경우 : 개인 교수가 선택할 수도 있고, 단위대학(사범대학, 사회과학대학)에서 인정하는 경우도 있음
교과 확대	사회봉사 교과실습을 학과차원 · 대학차원에서 개설하여 봉사활동을 장려하는 제도
전공 선택	특정학과 또는 단과대학에서 독립과목을 개설하여 사회봉사 이론과 실기를 학생들이 경험할 수 있도록 하는 제도 사회복지계열학과에서 실시하고 있는 제도
전공 필수	학과 또는 단과대학에서 교양 필수과목으로 사회봉사를 포함시키는 제도 예를 들면 미시간 대학의 인간 생태학 전공자는 반드시 '지역사회 휴먼서비스' 과목을 반드시 이수해야 함.
졸업 필수	대학의 교육정책상 사회봉사를 '졸업 필수' 과목으로 선택하는 경우

[그림 1−1] 대학사회봉사교육을 위한 모형

NOTE

NOTE

4) 사회봉사교육의 실천원칙

사회봉사가 학습으로서 의미를 갖기 위해서는 봉사교육목표인 상황에 대한 문제해결능력의 향상, 도덕과 윤리적 가치판단능력의 함양, 다양한 사회문화의 체험과 이해를 통해 개인의 성장을 도모하여야 한다. 그러므로 이러한 교육목표를 성취하려면 실천원칙을 고려하여야 한다. 다음의 실천원칙들은(강철희 외, 2000) 사회봉사가 학습의 기회로서 학생의 성장에 기여하는데 필요한 지침을 제시하고 있다.

(1) Mintz와 Hesser의 봉사학습의 통합원칙

협력체계, 상호교환성, 다양성의 강조목표달성과 서로의 능력개발을 위해 권리와 자원을 나눔으로써 협동할 수 있도록 하는 협력체계의 구축과 모든 참여자가 선생이면서 학생이고, 봉사자이면서 봉사대상자라는 것을 인정하는 상호관련성에 대한 인식, 모든 참여자들이 서로의 차이를 자원으로 생각하고 봉사학습에 이러한 자원을 활용하는 다양성에 대한 인식을 포함한다.

(2) COOL의 원칙 : 학습과정을 중시한 원칙

지역사회봉사에 참여했던 학생들과 그 조직자들의 실무에서의 오랜 경험을 바탕으로 캠퍼스 현지봉사 기회연맹(Campus Outreach Oppertunity League : COOL)은 다음과 같은 다섯 가지 원칙을 제시하고 있다.

① 지역사회의 목소리와 요구를 지역사회봉사의 프로그램개

발에 반영하여야 한다는 것

② 지역사회와 지역사회가 안고 있는 문제 및 지역사회 기관과 집단들에 대한 정보를 사회봉사를 통해 학생들에게 전달하여야 한다는 것

③ 봉사활동이 지역사회에서 필요로 하는 가치 있는 행동이어야 한다는 것

④ 봉사의 경험 후 반성적 기회를 가지고 경험을 정리하여야 하는 것

⑤ 학생의 학습효과와 지역사회에서의 봉사효과를 측정할 수 있는 평가를 통해 성장의 기회와 변화의 방향을 모색하여야 하는 것이다.

NOTE

(3) Howard의 원칙 : 교수역할을 강조하는 원칙

봉사학습이 대학 내의 교과과정에 편입되면서 교수의 관심이 증가하고 교육결과에 대한 평가에 관심이 증가하자, 그는 다음과 같은 열 가지 원칙을 제시하였다.

① 대학학점은 봉사를 위한 것이 아니라 교육을 위한 것이다.

② 학문적인 열의를 간과해서는 안 된다.

③ 학생들을 위한 학습목표를 설정하여야 한다.

④ 지역사회봉사기관의 성장을 위한 기준을 세워야 한다.

⑤ 지역사회학습을 달성할 수 있는 교육적으로 효과적인 방법을 제공하여야 한다.

⑥ 학생들이 지역사회학습을 어떻게 달성할 수 있는지 배우도록 지지한다.

⑦ 학생들의 지역사회 학습의 역할과 교실에서의 학습의 역할차이를 줄여야 한다.

NOTE

⑧ 교수의 역할에 대해 재고하여야 한다.

⑨ 학생들의 학습결과의 불확실성과 다양성에 대비하여야 한다.

⑩ 봉사학습과목에 대한 지역사회의 책임을 확대해야 한다.

(4) 콜로라도주립대학 모델 : 교과목과 봉사학습의 통합을 강조한 원칙

1993년 시작한 콜로라도 주 봉사통합프로젝트에서 제안하는 원칙으로 봉사와 학업을 통합하는 과정에서 교수를 더 참여시키고자 개발되었다. 다음과 같이 8가지의 원칙을 제시하고 있다.

① 강의계획서는 봉사경험과 과목의 교수 및 학습목표를 통합하여 작성한다.

② 한 학점 당 지역사회에서의 최소한 5시간의 봉사를 필수적으로 한다.

③ 학생들은 봉사시간에 대해 학점을 인정받지는 않으나 과목내용과 봉사경험을 접목시킬 수 있을 때 학점으로 인정받는다.

④ 봉사경험은 일기과제와 교실에서의 발표를 통해 과목에 연결되어야 한다.

⑤ 봉사경험에 대한 반영은 봉사에 포함된 사회적 · 심리적 · 정치적 · 윤리적인 고려와 서비스 욕구에 대한 토론을 포함해야 한다.

⑥ 교수는 지역사회의 각 기관과 접촉해야하고 그 기관의 설립목적, 대상자, 위치 및 학생의 역할을 이해하고 학생을 배치해야 한다.

NOTE

⑦ 과목은 학생들에게 봉사가 시작되기 전에 기관과 대상자 및 문제에 대한 정보를 제공해야 한다.

⑧ 학생, 교수 및 지역사회기관은 프로젝트에서 제공한 평가 과정에 참여하여야 한다.

이상의 실천원칙들을 종합해 볼 때, 그 실천원칙은 봉사기관의 필요와 욕구 충족에 대한 관심과 학생의 참여와 학습욕구 충족 및 사회적 책임 완수를 위한 학습의 과정을 중시하여 교과목과 봉사를 통합하여 교수의 역할을 강조하고 있음을 알 수 있다. 여기서 교수의 역할을 강조한다는 것은 교수의 사회봉사 학습에 대한 의지와 동기를 중시하는 것이며 나아가서 학교당국의 제도적 지원을 바탕으로 하고 있음을 간과하여서는 안 될 것이다.

8 성공적인 봉사학습의 7가지 요소

위와 같은 봉사학습의 실천원칙의 기초위에 봉사가 학습으로서 가치와 영향력을 지니기 위해 봉사학습으로서 성공하는데 필요한 7가지 요소를 살펴보면 다음과 같다.

① 지역사회의 욕구를 파악하고 이에 대응하는 봉사활동을 준비한다.

무엇을 위해 봉사할 것인가를 확인하는 것이 성공적 봉사학습의 첫걸음이다. 지역사회 내에서 가장 시급하다고 도움을 요

NOTE

청하는 욕구를 찾아내어 이를 해결하고자 하는 준비작업이 필요하다. 이를 위해 지역사회에 대한 욕구조사를 하거나 지역사회 기관의 수요를 조사하는 것이 중요하다. 그러므로 이 단계에서 지역사회의 욕구와 수요를 알기위한 봉사학습을 전담하는 사회봉사센터의 사전조사 노력이 있어야 하고, 수요처를 미리 확보하고 담당자와 봉사활동 요구를 파악하여 봉사학생과 연계할 준비를 갖추어야 한다.

② 봉사학습을 위한 사전계획을 세운다.

의미있는 봉사학습을 위해서는 사전 계획단계를 가지는 것이 중요하다. 준비된 봉사는 높은 동기와 학습에 대한 의미부여로 봉사활동의 성취를 높일 수 있기 때문이다. 이 단계에서 학생들은 자신이 원하는 봉사분야를 결정하고, 그 분야의 어떤 기관에서 어떤 활동을 할 수 있는지 알아야 한다. 학생들의 이러한 준비를 돕기 위해 학생 자신의 봉사활동 선호도를 파악하도록 교수의 도움이 필요하다. 이 때 간단한 측정도구를 활용하여 자가진단을 해 보도록 도울 수 있다(본서 5장을 참조). 또한 학생은 사회봉사센터에 문의하여 기관에 대한 정보를 제공받아 봉사분야를 결정하고, 해당기관과 봉사대상 및 내용에 대한 정보를 인터넷을 통해 검색하여 준비한다.

③ 필요한 기본 지식과 접근방법 및 기술을 사전에 교육한다.

봉사의 학습적 효과를 위해서는 단순한 노력봉사라도 의미를 부여하고 그 활동의 맥락을 이해는 것이 중요하다. 그러므로 봉사의 이념과 의미, 교육목표 등 기본적인 교육을 받고, 구체적인 봉사자의 자세와 역할, 책임 및 접근방법, 대상별 지침 등에 대한 교육을 받고 봉사에 임하여야 한다.

④ 봉사학습 과정의 단계마다 목표를 성취한다.

일련의 교과과정 계획 속에서 학습이 이루어지도록 진행과정에 구체적인 틀과 내용이 제시되어야한다. 즉, 준비, 행동, 평가의 3요소로 이루어지는 봉사학습의 단계 마다 이를 잘 성취할 수 있도록 안내하고 격려하는 교수의 역할이 중요하다.

⑤ 학생의 책임감을 향상시킨다.

봉사에 참여하는 학생의 책임감 고취는 학생이 선택한 봉사학습을 성취하는데 매우 중요한 동인이 된다. 또한 봉사기관과 봉사대상자에 대한 책임성의 인식은 이타적 봉사활동 완수 경험을 통한 보람과 성취, 사회적 기여와 자존감과 같은 학생 자신의 사회적 욕구의 충족과 공동체 인식의 발달을 가져오는 중요한 기반이 된다.

⑥ 지역사회와의 파트너십의 중요성과 실천방법을 인식시킨다.

봉사학습의 과정에서 파트너십의 중요성을 인식함으로써 협력과 협동의 미학을 아는 것이 봉사학습의 효과를 높이는 주요 요소이다.

⑦ 봉사학습 경험과정에서 반성적 고찰을 촉진하고 격려한다.

봉사학습의 과정에서 학습효과를 높이는 가장 중요한 요소가 봉사자 스스로의 반성적 고찰이다. 이를 격려하기 위해 적절한 기록양식을 제공하여 사고를 촉진하고, 과정을 중시한다. 봉사자와 교수가 토론과 피드백을 공유하며, 사례를 다루고 논의하며, 중간보고나 종결보고회 같은 절차를 마련하여 구조화된 평가체계를 학습과정에 도입하는 것이 중요하다.

NOTE

제2장

사회봉사제도의 이해

C·H·A·P·T·E·R·T·W·O

1 서론

NOTE

사회봉사활동은 자발성을 중요한 특성으로 하고 있다. 그럼에도 불구하고 사회봉사활동의 발달과정을 보면 사회봉사활동이 원활하게 전개되도록 하는 정부 또는 민간의 노력이 조직이나 법령, 재원 등을 통하여 뒷받침되어 왔음을 알 수 있다. 또한 사회봉사활동은 사회봉사 수요기관 · 공급기관 · 조정기관, 그리고 이를 둘러싼 외부 환경과의 상호작용 속에서 이루어진다. 이러한 점을 고려하여 사회봉사활동의 제도를 추진체계, 관리체계와 지원체계로 구분하여 살펴보고자 한다.

1) 추진체계

추진체계란 사회봉사활동을 육성하고 추진하는 것을 주목적으로 하는 기관이나 단체들로 구성되며, 사회봉사활동의 구심점으로서 사회봉사활동의 조직화를 담당한다. 이들은 지역사회의 욕구에 부응하여 사회봉사 프로그램을 개발하고 자원봉사자를 모집하여 연결해 주는 역할과 교육 및 훈련의 기능, 정보교환의 기능, 각 사회봉사기관과의 유기적인 관계유지 및 조정을 행한다. 그러나 이들 기관이나 단체가 이러한 모든 기능을 행하는 것은 아니며 경우에 따라서는 몇 가지의 기능만을 행하기도 한다. 주로 이들은 자원봉사 공급자의 역할을 행하지만 수요자의 역할을 겸하는 곳도 있다. 또한 이들은 민간에 의해 자발적으로 만들어지기도 하지만 정부나 지방자치단체에 의해 설치되고 운영되는 경우도 있다. 이러한 추진체계에는 각

NOTE

종 자원봉사센터, 자원봉사단체협의회, 자원봉사자활용기관 등이 포함된다.

추진체계의 핵심이 되는 자원봉사센터는 전국 자원봉사센터 네트워크의 한 부분으로 자원봉사 정신을 고취하고 지역사회 내의 서비스에 대한 욕구를 충족시킬 수 있도록 일하는 지역 리더십 조직으로 자리 잡는다. 또한 자원봉사센터는 자원봉사 활동을 위한 옹호자, 촉매자로서의 공헌하고 지역사회에서 자원봉사활동을 위한 구심점으로서의 역할을 수행한다.

2) 관리체계

사회봉사활동의 관리체계는 자원봉사자를 효과적으로 활용하기 위해 자원봉사자를 모집 · 홍보 · 교육 · 배치 · 평가 · 인정하는 등의 관리과정과 이에 관여하는 인력을 일컫는 것이다. 즉 자원봉사자 및 프로그램을 관리하는 자원봉사관리자와 봉사활동의 계획 · 모집 · 훈련 · 배치 · 평가 등의 관리과정을 포함하는 것이다.

3) 지원체계

사회봉사활동의 지원체계란 사회봉사활동을 둘러싼 외부 환경으로 물질적 · 재정적 · 인적 지원을 행하는 기관이나 단체들을 말한다. 지원주체에 따라 공적 지원체계와 민간 지원체계로 구분할 수 있으며, 지원이라는 것은 자원봉사활동의 관리과정에 대한 지원뿐 아니라 기금 조성 및 할당까지도 포함한다. 지원체계에는 국가 및 지방정부, 기업, 학교, 사회복지협의회, 공동모금, 기타 자원봉사 관련 단체 등이 있다. 국가 및 지방자치단체의 지원은 사회봉사의 지원에 관한 법률의 제정 및 행정체계를 구축하고 재정적 지원 및 행정적 지원이 지속적이고 일관성 있게 행해지도록 하는 것이다. 민간 지원체계 중에서 기업은 자금조달과 인적 자원의 조달에 중요한 주체이고, 공동모금은 재정지원에 중요한 부분을 담당한다. 이밖에 사회복지협의회와 학교도 사회봉사활동을 지원하는 중요한 주체이다.

NOTE

2 외국 사회봉사제도의 현황

사회봉사활동은 사회적 산물로서 나라에 따라 역사적 · 정치적 상황, 지역사회의 발달 정도, 복지욕구의 변화 등에 따라 상이한 형태로 발전해 왔다. 사회봉사활동의 역사와 경험이 짧은 우리 나라로서는 사회봉사활동이 활발하게 행해지고 있는 외국의 경험이나 실태를 살펴보는 것이 많은 도움이 될 것이다. 따라서 본 장에서는 사회봉사활동의 역사가 깊고 체계적으로 발전해 온 영국과 미국, 그리고 우리 나라와 유사한 배경을 가지면서 사회봉사활동이 발달해 온 일본의 자원봉사활동의 역사와 현황을 살펴보고자 한다.

1) 영국

(1) 사회봉사활동의 발전과정

영국의 자원봉사활동은 19세기 전반에 걸친 민간 사회복지

NOTE

사업의 발달과 함께 발전된 것으로 알려져 있다. 그러나 자원봉사활동의 생성과 정신을 알기 위해서는 16세기까지 거슬러 올라가야 한다. 16세기의 혼란스런 시기에 자신들의 마을을 지키기 위해 일어선 사람들을 자원봉사대라고 불렀으며, 그 이후에도 의료, 교육, 문화, 자선활동 등에 많은 민간 사회단체들이 참여하였다. 그러나 이들 활동들은 개별적인 활동이었으며 자원봉사활동이라고 구분해 불리지는 않았다.

그러나 19세기에 들어 구빈사업의 공백을 메우기 위해 일반시민이 중심이 되어 빈곤층의 갱생을 촉진하려고 한 자선조직협회와 인보관운동은 민간 사회복지활동으로 시민의 적극적인 참여를 촉진하는 계기가 되었으며 자원봉사활동의 출발점이 되었다고 할 수 있다. 자선조직협회의 우애방문원(friendly visitor) 활동과 인보관(Settlement House)운동은 중류층과 지식인들을 중심으로 한 적극적인 시민 참여를 끌어내 현대적 의미의 자원봉사활동이 확대되는 계기가 되었다. 그 후 이러한 운동은 유럽은 물론 미국, 일본 등으로 확대되어 의료활동, 주민교육활동과 사회운동의 거점이 되기도 하였다(류기형 외, 2004).

20세기에 들어서는 제2차 세계대전이후 복지 수요의 증가와 함께 민간 복지단체의 활동이 증가하였으며, 복지국가 위기론과 같은 맥락에서 정부의 복지부담을 줄이려는 의도에 따라 자원봉사활동에 대한 인식과 지원도 변화해 왔다. 이에 따라 자원봉사활동을 지원하는 법들이 제정되었는데, 민간 사회사업기관과 단체의 보호와 육성을 목적으로 한 자선법(Charity Act)이 1960년에 제정되었고, 지방차원에서 자원봉사활동을 지원하기 위하여 지방정부사회복지서비스법(Local Authority Social Service Act)이 1972년에 제정되었다.

또한 1968년에 발표된 아베스(Aves)보고서는 전문직원의 서비스를 보완하고 사회서비스의 제공을 통합하기 위하여 자원봉사자의 참여가 절대적으로 필요하며 이를 위해 자원봉사자의 증강 · 훈련 · 원조에 관한 실천적 전문가의 표준이 필요하다고 강조하였다. 이 보고서로 인해 영국의 자원봉사센터, 전국 자원종사 네트워크, 공공과 민간기관에서 많은 유급자원봉사조직가가 일하게 되었고, 자원봉사활동의 전문화 현상이 일어났다.

1992년에는 자선법이 개정되어 세금공제 등 자원봉사활동의 진흥을 위한 다양한 제도가 도입되었고 새로운 기관들이 설립되었으며, 기업의 자원봉사활동 참여도 증가하고 있다.

(2) 자원봉사활동의 조직과 현황

① 추진조직

영국의 사회봉사활동을 육성하고 추진하는 기관으로는 전국이나 지역별로 운영되고 있는 각종 자원봉사기관과 자원봉사센터 등을 들 수 있다. 대부분의 자원봉사기관들은 필요에 따라 자원봉사 수요자와 공급자의 역할을 병행하고 있다. 이들 자원봉사기관은 대부분 자원봉사자들에 의해 운영되고 있는데 이들은 서비스 제공자에서부터 정책 참여자의 역할 등 다양한 역할을 하고 있다.

현재 영국에서 활동 중인 대부분의 자원봉사센터나 자원봉사기관, 전국자원봉사사무국연맹 등은 민간조직협회 회원으로 가입하고 있다. 영국의 민간조직협의회는 전국민간기관협의회(National Council for Voluntary Organization)와 지방민간협의회로 구성되는데, 지방에는 약 200개 이상의 협의회가 있고 대

NOTE

NOTE

부분 도시지역에 설치되어 있다. 이 협회는 영국의 민간 사회봉사활동의 유지와 증진을 위한 중심적 민간 기관으로 상하관계가 아니고 필요에 따라 협력 · 지원 · 옹호하는 관계에서 각각의 자원봉사센터나 기관의 독립성과 자율성이 보장되고 있다.

1992년 전국민간기관협의회에 따르면, 영국에는 총 43만 개 이상의 자원봉사단체나 기관이 조직되어 있다. 근래에는 이들 자원봉사기관의 유급직원이 증가하면서 관료제화와 전국 본부 직원의 참여가 증가하는 경향이 나타나고 있다.

대표적인 자원봉사 육성기관인 영국의 자원봉사센터는 1973년에 설립되어 공공 또는 민간 분야에서 자원봉사활동의 촉진을 도모하고 정책형성가, 관리자, 지원대행기관으로 활동하는 것을 목적으로 자원봉사와 관련하여 정보, 조언, 기술적 원조를 제공하고 교육, 훈련사업, 출판사업, 각종 상담, 조사연구 및 협정 등의 활동을 하고 있다. 개인이나 집단 모두 회원이 될 수 있는데, 1995년 통계상으로 회원은 700여 명이고 산하단체가 250여 개, 유급직원은 35명이다(류기형 외, 2004). 이 조직은 전국자원봉사단체 협의회의 회원 단체이다.

자원봉사사무국(voluntary bureaux)은 전국자원봉사사무국연맹(National Association of Volunteer Bureaux)의 회원으로 소속되어 있다. 이 연맹은 1986년에 자원봉사사무국에 대한 홍보활동, 사무국 간의 정보교환, 직원 연수 및 교육, 조사와 출판, 회의 개최 및 자원봉사사무국 발전을 위한 정부와 민간단체의 협력 등을 위해 설립되었다.

이 밖에 청년 자원봉사 프로그램으로 새천년 자원봉사단(Millenium Volunteers)이 있으며, 다양한 분야의 자원활동을 지원하는 단체로 자원예술 네트워크(Voluntary Arts Network), 영국박물관친구협회(British Association of Friends of

Museum), 전국청소년자원봉사협회(National Council of Voluntary Youth Service) 등이 있다.

② 재원

영국의 자원봉사기관과 자원봉사센터의 재원은 중앙 및 지방정부의 보조금, 정부 사업의 지원금, 기부금, 회원의 회비, 상품 판매, 대여사업 및 투자로 인한 수익금, 재단과 공동모금회로부터의 후원금 등으로 이루어진다.

전통적으로 이들 자원봉사기관의 운영은 회비, 민간인들의 기부금 등 자체 수입에 크게 의존해 왔으나 근래에 와서는 정부의 지원금과 자체 사업 등으로 인한 수입에 크게 의존하고 있다.

③ 사업내용

자원봉사단체에서의 활동내용을 살펴보면, 산업, 동물, 예술, 지역사회 개선, 교육, 고용, 사회복지 일반, 주택, 국제원조, 의료보건, 문화재 및 환경보호, 레크리에이션 및 레저, 청소년 육성, 종교 등으로 주요 활동을 분류할 수 있다. 대부분의 자원봉사기관에서는 자문, 정보제공, 교육과 훈련, 캠페인 등 사회복지 기능을 수행하고 있지만 다양한 범위의 서비스와 활동을 제공하고 있다.

④ 지원법

영국의 자원봉사활동이 발전할 수 있었던 것은 국민의 높은 참여의식도 있었지만 그런 참여를 유도한 정부의 전폭적인 지지와 후원도 큰 영향을 미쳤는데 이는 자원봉사 관련법의 제정과 관련 지원책들의 수립에 힘입은 것이다.

NOTE

NOTE

자원봉사활동 진흥의 근거가 되는 법으로는 자선법(Charity Act)을 들 수 있다. 이 법은 민간 사회사업기관과 단체의 보호와 육성을 목적으로 1960년에 제정되어 1985년, 1992년에 개정된 법률로서 민간단체의 활동에 관한 중요한 법률이다.

영국의 자원봉사단체는 이 법률에 의해 사회적으로 인정되고 등록번호를 받음으로써 기부금을 받는 것이 용이해지고 세금 감면을 받을 수 있다. 영국의 경우 자원봉사활동을 하고 있는 사람의 약 70%가 자원봉사단체의 기금 조성이나 유지에 관한 후원자로 참여하고 있는데 이는 세금감면 혜택을 받을 수 있는 것과 큰 관련이 있다.

지방 차원에서 자원봉사활동을 지원하기 위한 법으로는 1970년에 지방정부사회서비스법(Local Authority Social Service Act)이 제정되었다. 이 법에 따라 지방 단위에 '종합적 사회복지서비스국'을 설치하고, 지역 내의 자원봉사활동을 포함한 모든 서비스에 대하여 지원과 조정을 하게 되었다. 민간 기관들은 이처럼 정부의 지원을 받아 효과적인 서비스를 할 수 있게 되었다. 이외에도 최근에는 자원봉사자들이 차별받지 않고 보험에 가입하도록 하는 인권법(1998), 자원봉사자의 신상자료가 본인의 동의 없이 활용되지 않도록 하는 신상자료보호법(1998) 등이 제정되었다.

⑤ 지원조직

영국 내의 자원봉사활동 지원조직은 공적지원조직과 사적지원조직으로 나누어 볼 수 있다. 공적지원조직으로 중앙과 지방정부가 있는데, 중앙정부보다는 지방정부가 독자성을 가지고 자원봉사활동의 활성화에 큰 역할을 하고 있다. 사적지원조직으로는 사회복지협의회, 기업, 각종 재단 등이 있다.

정부 내 조직으로는 내무성(Home Office) 산하에 지역사회 활성화기구(ACU, Active Community Unit)와 내각사무처(Cabinet Office) 산하에 성과와 혁신기구(PIU, Performance and Innovation Unit)가 있어서 자원봉사단체의 육성과 개발, 규제 및 지원, 정보 제공 등을 행한다.

지방자치제 수준에서 자원봉사활동을 지원하는 조직이 정비되기 시작한 것은 1971년 사회복지부의 출범 이후부터이다. 이 부처에는 자원봉사자나 민간단체와 협력을 담당하는 민간서비스 연락관을 임명 · 배치하였다.

기업 지원의 경우에는 재정적 지원과 활동 지원으로 나누어 볼 수 있는데, 기업의 자원봉사활동 참여는 1990년 상공부장관이 고용자 자원봉사활동을 시작하면서 크게 증가하였다. 이것은 고용자들이 지역을 중심으로 자원봉사활동에 참여하도록 실천모델과 지침 등을 지원하는 것을 포함하고 있다.

이 밖에 민간기관협의회와 같은 조직은 민간부분에서의 조정과 함께 민간과 정부의 사회복지 조정역할을 담당하기도 한다. 한편 등록된 자원봉사단체에 기부를 용이하게 하기 위해 1974년에 자선원조재단(Charities Aid Foundation)이 설립되어 민간자금을 수집 · 공급하는 조직으로 활동하고 있다. 이를 통해 기부에 따른 복잡한 업무를 줄일 수 있고, 민간 자금을 계속적으로 공급하여 자원봉사단체의 경영을 안정시키는데 기여하고 있다.

자원봉사활동에 대한 지원은 주로 지방정부를 중심으로 행해지고 있는데, 지방정부와 지역 민간단체와의 계약에 의해 지원되며 정부는 민간단체의 독립성을 인정하고 자율성을 최대한 존중한다. 지원은 보조금, 특별보조금, 면세, 비과세 등의 형태를 통해 이루어진다.

NOTE

NOTE

지방정부가 자원봉사활동을 위해 지급하는 보조금은 조직의 일상적 지출을 위해 자율적으로 사용할 수 있는 일반보조금이나 유급직원 고용, 집세 지불, 설비 구입 등 특정 목적에 사용하는 특별보조금의 형태를 띤다.

또한 정부는 민간단체활동을 진흥시키기 위해 연수입 총액이 1,000파운드 이상이거나 연수입은 1,000파운드 이하이지만 영속적인 기본 재산이나 소유 토지를 가지고 있는 단체는 자선위원회에 등록하도록 하고, 이런 단체에 대해서는 면세와 비과세를 인정하고 기부자에게는 소득공제 혜택을 주고 있다. 이렇게 다양한 방법으로 자원봉사단체가 활발히 활동할 수 있도록 지원하고 있다(류기형 외, 2004).

2) 미국

(1) 사회봉사활동의 발전과정

미국의 자원봉사활동은 초기 이민사회에서부터 신천지에서의 생존과 공동체생활을 위해 서로 협력하지 않으면 안 되었기 때문에 사회적으로 적극적으로 권장되었다. 1657년에 병자를 돕고 빈민을 구제해 주는 최초의 우호방문협회인 스콧 자선협회(Scot's Charitable)가 보스턴에 설립된 이후 각지에서 자선협회와 고아원, 병원 등이 생겨나기 시작했다. 그 후 1820년을 시작으로 많은 민간기관들이 설립되기 시작하여 1840년대에 이르러 뉴욕에만 30개 이상의 민간단체들이 설립되었으며 이들 단체간의 연락조정을 위해 1843년에 뉴욕에 빈민생활상태 개선협회가 조직되었다. 남북전쟁 발발 이후에는 자원봉사활동이 폭발적으로 증가하여 1877년에 버팔로에 최초의 자선조직협회가 설립되었고 이후 미전역에 퍼지기 시작했는데 한때 보스턴, 뉴욕, 볼티모어 등 대도시에 4,000명의 우애방문원을 두며 성황을 이루었다. 19세기 후반 전쟁이 끝난 후 인구의 도시집중, 슬럼지역의 형성, 실업문제 등 사회문제가 등장하면서 개인이 아닌 환경의 변화를 위해 1887년에 뉴욕 동부에 근린조직(Neighborhood Guide)과 시카고 헐하우스(Hull House)가 설립되었다(류기형 외, 2004).

20세기에 접어들면서는 보이스카우트, 걸스카우트, Boys Clubs 등 전국기관과 연맹을 맺는 지역기관들이 출현했으며, 제1차 세계대전 동안에는 YWCA, 미국적십자사 같은 국가 및 국제 봉사기관들이 활발히 활동했다. 1926년에 자원봉사사무국(Volunteer Bureau)이 보스턴에 설립된 이후 필라델피아, 세인트루이스 등 미국과 캐나다 전역에 확산되었다.

공황기에 접어들면서 복지, 교육, 보건, 시민단체 등에서 자원봉사자의 수요가 점차 늘어나게 되자 개인뿐만 아니라 지역사회 내의 주니어 리그(Junior League)와 같은 시민단체들에 의해 자원봉사센터가 운영되기 시작했으며 자원봉사센터가 없는 곳에서는 지역사회보건복지위원회(Community Health and Welfare Council)가 센터의 역할을 수행했다. 또한 1933년 시민자원보존단(Civilian Conservation Corps)가 창설되어 18~25세 사이의 청년들을 동원하여 나무심기, 삼림개발, 도로보수, 하천공사를 하게 하고 급료를 지불하는 국가재건 프로그램을 운영하기도 하였다. 제2차 세계대전 이후에는 학생들의 반전운동, 흑인민권운동, 소수인종의 빈곤문제 등 사회문제에 대한 해결책으로 정부에서는 자원봉사활동을 적극 추진하기 시작했다. 특히 연방정부 차원의 자원봉사 프로그램의 시초는 케네디 대통령이 후진국의 경제개발을 도와주고 국제평화에 공헌하기

NOTE

NOTE

위하여 1961년에 조직적이고 제도적인 국제봉사단체인 평화봉사단(Peace Corps)을 창설한 것이다.

이후 존슨대통령은 미국 내 빈곤퇴치를 위해 '위대한 사회(Great Society)' 정책을 실시하고 그 일환으로 국내 평화봉사단이라 할 수 있는 국내자원봉사단(VISTA, Volunteers in Service to America)를 창설하였다. VISTA는 1950년대와 1960년대에 미국의 빈곤문제 등 여러 가지 사회문제에 대한 대처방안으로 자원봉사활동을 적극적으로 추진하기 위해 만들어진 기구로 경제기회법청(Office of Economic Opportunities Act)에 의해 지원되었다.

닉슨대통령 시기에는 민간 자원봉사 프로그램을 지원하기 위해서 ACTION을 창설하고 국내자원봉사활동법(Domestic Volunteer Service Act)이 만들어졌다. 이 법은 자원봉사자에 대한 연방정부의 각종 지원활동을 규정하고 정부의 직접적인 공공자원봉사단 운영에 관한 내용을 담고 있었다. 1979년에는 전국자원봉사활동정보센터(The National Information Cenetr on Volunteerism)와 NCVA가 통합되어 전국시민참여센터(The National Center for Citizen Involvement)인 VOLUNTEER가 만들어졌다. VOLUNTEER는 현대적 의미의 자원봉사센터의 개념을 확립하였으며, 후에 촛불재단과 통합하기 이전까지 50여 개의 자원봉사센터와 자원봉사자활동센터(Volunteer Action Center)를 기초로 하여 400 여개나 되는 자원봉사센터를 네트워크화하였다(류기형 외, 2004).

1980년대에 접어들어 신연방주의(New Federalism)운동이 일어나면서 연방정부의 부담을 줄이는 대신, 주 혹은 지방정부의 책임이 강조되었으며 이와 더불어 자원봉사활동은 더욱 부각되었다. 즉, 공공서비스 전달에 있어서 효과적인 자원봉사자

참여에 대해 정부의 관심이 증가되었다.

1990년대에는 VOLUNTEER가 촛불재단(Point of Light Foundation)으로 통합되어 자원봉사활동을 활성화하는데 관여하게 되었으며, ACTION을 기반으로 국내평화봉사단이라고 할 수 있는 국립자원봉사협력기구(Corporation for National Service)를 설립하여 각계각층의 미국인들이 참여하는 전국적인 자원봉사활동을 주관하여 오늘에 이르고 있다(김범수 외, 2004).

NOTE

(2) 자원봉사활동의 조직과 현황

① 추진조직

미국은 사회 전체에 걸쳐 자원봉사활동이 활발히 진행되고 있는 국가이다. 미국의 주요 자원봉사조직을 연대별로 살펴보면, 1930년대에는 시민자원보존단(Civilian Conservation Corps), 1960년대에는 평화봉사단(Peace Corps)과 국내 자원봉사단(VISTA, Volunteers in Service to America), 1970년대에는 양 기관을 통합한 기반 위에 설립된 ACTION, 1990년대에는 촛불재단(Point of Light Foundation)과 국립자원봉사협력기구(Corporation for National Service) 등이라고 할 수 있다.

국립자원봉사협력기구가 연방정부가 직접적으로 자원봉사활동을 지원하는 연방기구라면, 1990년 5월 부시대통령에 의해 설립된 촛불재단은 회장을 대통령이 임명하고 국회에서 독립적인 예산편성을 받는 전국 규모의 민간기구이다. 촛불재단은 25년간의 폭넓은 경험과 400여 지역회원과 56개 기업자원봉사협의회(Corporate Volunteer Council)와 1,200여 회원을 가진 전국자원봉사센터(National Volunteer Center)를 합병해서

NOTE

조직되었기 때문에 창립 초부터 탄탄한 지역 조직을 가지고 있다. 그 내부 조직의 최상위 기구는 이사회이다. 이사회는 청소년 대표, 정부기관, 기업, 교육계, 종교계, 민간단체 등 각계 대표 26인으로 구성되어 정책과 전략을 수립한다. 그 밑에는 대통령이 임명하는 회장과 부회장, 부서 담당자들로 구성되어 있다(류기형 외, 2004).

촛불재단의 사업을 살펴보면, 지역 자원봉사센터의 신규 설립 지원, 기존 센터의 육성, 자원봉사활동 활성화를 위한 프로그램 개발과 상담 교육 및 훈련, 매년 6월의 전국 자원봉사대회(National and Community Service Conference) 개최, 매년 4월 전국 자원봉사 주간(National Volunteer Week) 행사 주최 및 포상 실시, 해외 자원봉사 지원사업, 국제자원봉사운동협회(IAVE)와 공동으로 전 세계의 자원봉사센터에 대한 실태조사 등으로 짜여져 있다.

미국의 자원봉사센터는 지방 차원에서는 지역자원봉사센터가 조직 · 설치되어 있고, 중앙에 이들 센터를 지원하는 촛불재단이 있다. 그러나 이들의 관계는 상하관계가 아니고 서로 독립적이며 협력적인 관계이다. 지방의 자원봉사센터는 촛불재단의 가입단체일 수도 있고 비가입단체일 수도 있다. 이와 별도로 전국자원봉사센터협의회(National Council of Volunteer Center)는 독립적인 운영체계를 갖춘 지역 자원봉사센터들이 회원으로 가입하는 곳으로 촛불재단의 자원봉사센터를 위한 프로그램 개발에 자문을 주고 있다.

자원봉사센터는 지방에 따라 다양한 이름으로 불리고 있지만 기능은 유사하다. 이들은 대부분 촛불재단에 회원으로 가입해 지원을 받고 있으나 공동모금회(United Way)가 자원봉사 사무실을 빌려주거나 직접 운영하는 곳도 300여 개에 이른다.

한편 자원봉사센터가 적십자사 또는 상공회의소 등에 소속되어 있기도 하다(류기형 외, 2004). 지역 자원봉사센터의 구조를 살펴보면 지역사회 보건복지협의회 부설기구형, 공동모금의 지부형, 독립기관형, 자치단체나 민간단체 부설기관형으로 나눌 수 있다.

1980년대 이후에는 기업의 자원봉사 참여가 획기적으로 증가하였다. IBM, GM, 코카콜라, 월트디즈니사, 맥도날드 등 미국 굴지의 회사들이 자원봉사활동에 적극적으로 참여하고 있다. 촛불재단은 기업의 자원봉사활동을 지원하기 위해 기업자원봉사협의회(Corporate Volunteer Council)를 만들어 자원봉사에 대한 교육, 훈련 등의 지원과 공동프로젝트 등을 수행하고 있다.

② 재원

미국의 자원봉사활동 기관이나 조직들의 재원은 영국과 마찬가지로 주로 연방 또는 지방정부의 보조금, 회원들의 회비, 기부금, 정부의 프로젝트 수입금, 각종 재단이나 공동모금의 후원금, 기업의 기부금, 자체 수익금 등으로 이루어진다.

촛불재단의 재원은 크게 국가의 지원과 기업이나 개인의 기부금으로 충당된다. 설립 초기부터 국회에서 독립적인 예산편성을 받는 정부출연기관으로 국가의 지원이 대부분을 차지했으나, 최근에는 기업의 기부도 활발해져 정부출연금과 기업 기부금이 대등한 수준에 이르고 있다. 이 재단에의 기부금은 세금공제 혜택을 받는다.

지역의 자원봉사센터 역시 세금공제 대상이 된다. 기관에 따라 한두 명의 유급직원과 한두 명의 무급직원들이 연간 2만 달러도 안되는 예산으로 운영되는 곳도 있으나, 대부분은 연간

NOTE

NOTE

예산 10만 달러에서 20만 달러에 이르고 있다(류기형 외, 2004). 지역 자원봉사센터의 재원은 공동모금으로부터의 지원금, 촛불재단, 연방정부 및 지방정부의 보조금, 모금행사, 기부금, 사업수입, 수수료, 회비 등으로 충당된다. 시에서 직접 예산을 지원하는 경우도 있으나, 대부분의 자원봉사센터들은 관민혼합의 예산으로 운영되고 있다. 최근에는 기업과 협력관계를 형성하여 기업의 자원봉사활동에 상담, 교육, 훈련 등을 제공하고 행정사무와 뉴스레터 발간 등으로 재정지원을 받는 경우도 많다.

③ 사업내용

자원봉사조직에서 수행하는 사업내용을 촛불재단의 사업내용과 지방자원봉사센터의 사업내용으로 나누어 살펴보자. 먼저 촛불재단에서 실시하고 있는 대표적인 사업과 프로그램 내용은 여덟 가지로 분류할 수 있다(류기형 외, 2004).

첫째, 자원봉사센터나 활용기관의 변화를 위한 연구와 조사를 실시한다.

둘째, 가족과 지역사회를 강화시키는 것을 목적으로 가족단위의 자원봉사활동을 권장한다. 이를 위해 가족들이 아동, 청소년, 노인과의 활동, 우편배달, 오락, 스포츠, 환경보호 활동에 함께 참여하도록 하고 이들에게 개인지도, 선도, 위기개입, 법률구조 등의 서비스를 제공한다.

셋째, 지역사회 동원 및 자원봉사센터 운영 프로그램을 지원한다. 자원봉사센터들이 겪고 있는 자금난과 지역 사회문제의 해결을 위해 지역센터 연계, 훈련, 기술지원, 정보제공, 지원체계 형성, 재정 후원 등을 실시한다.

넷째, 정부기관 자원봉사활동을 촉진시키기 위해 창의적이고 성공적인 프로그램을 찾아 보급한다.

다섯째, 전세계 자원봉사센터를 조사하여 안내서를 출판하고 외국의 자원봉사센터를 지원하는 등 국제적인 협력관계를 형성한다.

여섯째, 전국자원봉사대회를 매년 6월 중 개최하여 참가자들에게 새로운 기술, 정보, 자료 등을 습득할 수 있는 기회를 제공하고 참가자들 사이에 지원체계를 형성하게 하여 보다 더 효율적으로 사회문제 해결에 기여할 수 있도록 하고 있다.

일곱째, 청소년 자원봉사 프로그램(youth and education outreach)을 전개하고 있다. 이것은 5~25세 사이의 어린이와 청소년들에게 자원봉사활동에 참여하도록 하기 위해 지역사회의 시설, 학교, 자원봉사센터에서 자원봉사활동 프로그램을 개발하고 보급하는 것이다.

여덟째, 시민, 자원봉사관리자, 각종 공공기관 및 민간단체들을 대상으로 다양한 방법으로 활발한 홍보활동을 전개하고 있다. 구체적으로 보면 언론 및 방송을 통한 홍보활동, 정보제공, 전국적인 자원봉사경연대회, 공동모금회와 공동 개발한 온라인을 이용한 자원봉사 네트워크의 운영, 각종 출판물과 화상회의를 이용한 통신서비스, 수익사업, 미국봉사단과 공동으로 주최하는 대통령 표창행사(president's service award) 등을 들 수 있다.

지역 자원봉사센터의 사업들을 살펴보면 다음과 같다.

첫째, 지역사회에 적합한 프로그램을 개발하고 시행하여 자원봉사활동의 동기를 고취시키고 참여를 증진시킨다.

둘째, 자원봉사를 희망하는 사람들에게 활동 기회에 대한 정보를 제공하여 모집을 하고, 적합한 곳에 배치하거나 의뢰한다.

셋째, 새로운 자원봉사 프로그램을 개발하고 유지하는데 필

NOTE

NOTE

요한 자문, 훈련, 기술원조를 행한다.

넷째, 대중매체와 책자 등을 통해 자원봉사활동과 참여 기회에 대한 인식을 확대한다.

다섯째, 자원봉사자를 인정하고 승인하기 위한 다양한 프로그램을 마련한다.

여섯째, 자원봉사활동과 지역사회 서비스에 대한 정보를 제공한다.

일곱째, 모든 인간이 동등한 기회를 갖고 자원봉사 프로그램에 접근하도록 옹호함으로써, 자원봉사활동에 대한 장애를 제거하고 자원봉사자에게 지지를 제공한다.

④ 지원법

미국의 자원봉사활동에 대한 지원은 정책적으로 적극성을 띠고 행해지고 있다. 새로운 대통령이 당선될 때마다 새로운 지원법이 제정되고 그 법의 내용이 일관되고 지속성 있게 자원봉사활동을 지원하도록 하고 있다.

1980년대를 거치면서 자원봉사활동에 대한 정부 프로그램과 자금이 늘어났으며 1990년대에 들어서는 전국 및 지역사회봉사법(National and Community Service Act)의 제정으로 보다 확고한 관민 협력체계가 형성되었으며 자원봉사활성화를 위한 노력이 강화되었다. 주된 내용을 보면 주정부에 대한 보조로 학교의 자원봉사활동 프로그램을 실시하고, 청년을 대상으로 하는 종일제 프로그램과 청년과 고령자를 대상으로 하는 다양한 프로그램을 실시하며, 단체들에 대한 보조와 자원봉사활동 육성기금 보조 등에 관한 것을 규정하고 있다.

클린턴 행정부에서는 전국봉사트러스트법(National Service Trust Act)을 새로 제정하고 기존의 ACTION과 전국 및 지역사회봉사위원회(The National Commission on National and Community Service)를 통합하여 국립자원봉사협력기구(Corporation for National Service)를 설립하였다. 이 법인은 미국봉사단(AmeriCorps)의 청소년 봉사 프로그램 지원, 촛불재단 지원, 지역사회 시민봉사단체의 지원, VISTA와 미국노인 봉사 프로그램(Older American Volunteer Program)의 확대 개선, 수준 높은 국가 봉사프로그램 개발과 지원 등을 목적으로 한다(이강현, 1994).

연방정부가 전국의 자원봉사활동을 적극적으로 지원하는 것과 병행하여 주정부에서는 주자원봉사국(state office of volunteerism) 등을 설치하여 자원봉사단체들을 서로 연결해 주고, 기업의 후원을 장려하는 등 지원을 하고 있다. 또한 시정부에서도 자원봉사자를 활용하여 시민들을 위한 사업을 운영하고, 자원봉사 캠페인, 표창 등을 통해 자원봉사활동을 지원하고 있다.

⑤ 지원조직

국립자원봉사협력기구(Corporation for National Service)는 미국봉사단(AmeriCorps)와 전국노인봉사단(National Senior Service Corps)을 운영하고 있는데 지원내용은 다음과 같다.

미국봉사단은 연방정부의 후원으로 시도된 새로운 자원봉사 프로그램으로 350개 이상의 민간조직과 AmeriCorps · VISTA와 AmeriCorps · NCCC라는 2개의 전국적인 프로그램을 포함하여 모든 주에서 활동 중인 프로그램 연결망으로 지역사회에 기반한 민간조직으로부터 전국적인 민간조직과 연방기관에 이르기까지 관계를 맺고 있다. 전국의 300여 자원봉사 프로그램을 통하여 약 2만 명의 회원들이 교육, 환경, 사회복지, 지역개

NOTE

NOTE

발, 공공안전 등 여러 분야에서 자원봉사활동을 하고 있다. 상근 자원봉사자의 경우 약간의 생활비와 자녀양육비 및 의료보험비를 보조 받으며, 본인의 대학 교육비와 기술훈련 보조금도 받을 수 있다(류기형 외, 2004).

전국노인봉사단은 연방정부 사업으로 55세 이상의 은퇴자들이 지역사회의 문제해결뿐만 아니라 도움을 필요로 하는 노인들을 방문하여 서비스를 제공하는 단체로, 은퇴노인 자원봉사 프로그램(Retired Senior Volunteer Program), 노인동료 프로그램(Senior Companion Program), 양조부모 프로그램(Foster Grandparent Program) 등이 있다.

기업의 경우 재정적 지원은 물론 직원들의 자원봉사활동을 증진시키는 다양한 프로그램을 병행하고 있으며, 기업 내에 상담창구나 전담부서를 두거나, 휴가 · 휴직제도의 마련, 승진시 자원봉사 경력을 점수화하는 등 다양한 형태의 지원을 하고 있으며, 필요시에는 다른 기관과 연계하여 인적 · 기술적 · 물질적 지원도 한다.

3) 일본

(1) 사회봉사활동의 발전과정

일본의 자원봉사활동이 시작된 것은 패전 후의 혼란 수습을 위한 긴급 구호 및 재건사업을 통해서라고 말할 수 있다. 이것은 선한 뜻을 가진 주민들에 의하여 자생적이고 비조직적인 형태로 전국 각지에서 일어났는데 패전 후의 부상자의 원호와 부랑자의 보호로부터 1947년에는 공동모금, BBS 운동이 시작되었고 그후 Workcamp 활동, 학생인보관운동이 시작되었다.

이러한 인보관활동 중 대표적인 것으로는 1949년 태풍의 피해를 복구하고자 동경대학에서 시작된 인보사업운동 등이 있다(류기형 외, 2004).

그 후 순수한 자원봉사활동이라고 보기는 어렵지만 1950년에 정부에 의해 민생위원제도가 만들어지고 1951년에 사회복지 시민참여조직으로 사회복지협의회가 전국 및 도(道)·도(都)·부(府)·현(縣)에 창설되어 자원봉사활동의 추진을 위한 토대가 마련되었다. 민생위원은 정부에서 각 지역마다 봉사정신이 투철한 사람들을 임명하여 마을의 어려운 사람들을 돌보도록 한 제도로서, 매월 약간의 활동비가 지원되고, 행정기관과 사회복지시설의 중간에서 조정자의 역할을 하는 주민 지도자이기도 했다.

일본에서 자원봉사라는 말이 최초로 사용된 것은 1952년 청년사회사업가 자원봉사조직에 의해서였지만 일반화된 것은 어느 정도 경제적 여유와 생활의 안정을 찾으면서부터이다.

1962년부터는 사회복지협의회에 선의은행이 설치되고, 오사카자원봉사협회, 후지자원봉사협회, 일본청년봉사협회 등 민간 주도의 자원봉사 사무국이 운영되기 시작하면서 자원봉사활동 추진기관의 시대가 열리게 되었다. 특히 1965년에 설립된 오오사카자원봉사협회는 최초의 민간 자원봉사협회로 교육과 훈련에 주력하기 시작하였는데, 이것은 일본 자원봉사학교의 전형이 되었다(류기형 외, 2004).

1968년에는 자원봉사활동의 일대 전환기를 맞이하는 시점으로 전국사회복지협의회에서 '자원봉사자 육성 기본 요강'을 책정하였고 전국선의은행연락협의회가 발족되었다. 이것은 자원봉사활동에 대해 전국 차원의 통일된 규정과 기준을 제시함으로써 바람직한 발전방향을 모색하고 자원봉사활동의 전체적

NOTE

NOTE

인 수준 향상을 도모하는 계기가 되었다.

1970년대에는 고도성장과 석유파동의 영향으로 지역주민의 유대관계가 와해되고 지역사회의 노인, 장애인, 아동의 복지문제가 심각하게 대두되었다. 이로 인하여 지역사회 공동체 형성과 자원봉사활동의 필요성이 크게 대두되었는데 특히 고령화사회가 진전 중이던 1970년대 중반부터 지역에서의 자원봉사활동이 급속히 확대되어 갔다.

1973년부터는 중앙이나 지방자치단체의 보조에 의해 사회복지협의회를 중심으로 중앙에 '전국자원봉사활동진흥센터', 도 · 도 · 부 · 현 및 지정도시에 '자원봉사센터'를 설립하는 등 자원봉사활동 추진체계가 정비되기 시작했고, 1977년부터는 전국자원봉사활동진흥센터에 후생성이 보조금을 지급하기 시작했다. 1980년부터는 일본형 복지사회의 구상에 입각해 서비스의 책임을 지역사회로 전가시키면서 지역주민과 단체를 대상으로 복지활동에의 참가를 유도하고 전 지역주민이 참여하게 함으로써 지역복지의 원동력이 되도록 기반정비를 하게 되었다. 이에 후생성과 문부성 등에서 자원봉사활동이 적극 추진되었는데 후생성에서는 복지자원봉사마을만들기사업(볼런토피아사업)을 실시함과 함께 자원봉사활동보급사업협력교(복지협력교) 조성을 실시하였다.

1990년대에 들어서면서 자원봉사활동에 기업의 참여가 활성화되고 있다. 후지제록스는 자원봉사자 휴가제도인 '사회봉사휴가제도'를 시작했으며, 경제단체연합이 1년간 경상수익의 1%를 기부한다는 '1% 클럽'을 만들어 기업의 참여를 유도했으며 사회공헌 담당 부서를 두게 되었다. 이와 더불어 노동조합의 활동에도 사회에 대한 봉사활동을 강조하고 있다. 특히 1995년의 한신 · 아와지 대지진이 발생하면서 대학생과 기업,

일반인들이 피해복구를 위한 자원봉사활동에 자발적으로 대대적으로 참여하여 일본 자원봉사의 원년이 되었다고 보기도 한다. 또한 1998년에 특정비영리활동촉진법이 제정되어 많은 비영리조직이 설립되어 자원봉사자들을 활용하고 육성하고 있다(류기형 외, 2004; 김범수 외, 2004).

NOTE

(2) 자원봉사활동의 조직과 현황

① 추진조직

일본의 자원봉사활동은 지역사회를 중심으로 활발히 전개되고 있다. 자원봉사활동의 추진체계로는 사회복지협의회에서 운영하고 있는 자원봉사센터, 민간단체에서 운영하고 있는 각종 자원봉사협회, 다양한 자원봉사기관, 기업 등이 있다(류기형 외, 2004).

자원봉사센터는 봉사은행, 자원봉사국, 자원봉사협회, 자원봉사코너, 자원봉사상담실, 지역사회센터 등 다양한 용어로 부르고 있으며, 운영주체도 사회복지협의회를 비롯하여 공공 또는 민간 단체, 각종 시설 등 다양하며 규모나 기능도 다양하다. 그러나 일반적으로 자원봉사활동을 위한 상담, 교육, 활동지원, 개발, 연구 등 자원봉사서비스의 수요와 공급을 보다 원활히 하기 위한 사업을 전개하고 있다. 자원봉사센터의 설치 · 운영 주체는 크게 공공기관, 사회복지협의회, 민간 육성기관, 시설단체 등 4가지로 분류할 수 있는데, 사회복지협의회를 중심으로 한 자원봉사센터가 다수를 차지하고 있다.

사회복지협의회 하의 자원봉사센터 조직은 중앙에 전국자원봉사센터가 있고 도(道) · 도(都) · 부(府) · 현(縣), 시(市) · 구(區) · 정(町) · 촌(村)에 지방자원봉사센터가 있다. 전국자원봉

NOTE

사활동센터는 전국사회복지협의회 내에 자원봉사활동을 담당하는 부서로서, 이곳에서는 자원봉사자의 모집 · 훈련보다는 전국적으로 자원봉사자를 육성 · 활용하는 단체들과 상호 협조하여 자원봉사자 육성에 관한 중앙기구로서의 역할을 수행하고 있다. 따라서 협력사업과 네트워크 및 조정기능을 주 역할로 하고, 지방지부와는 정보교환과 교재 발간 등의 횡적인 관계에 의해 상호 협조하고 있다.

지방 자원봉사센터의 경우 市 · 區 · 町 · 村 사회복지협의회를 중심으로 운영되고 있다.

사회복지협의회에서 운영하는 센터 이외에도 다양한 추진기관이 있는데 그 중에는 자원봉사협회라는 조직이 있다. 전국의 50여 개의 자원봉사협회들은 재정 및 행정에 관해서 자립성과 민간성을 견지하고 있으며 활동영역이 복지에 국한되지 않고 다양한 경향을 보이고 있다.

이외에도 기업들의 자원봉사활동이 활발하게 전개되고 있다.

② 재원

일본에서는 1973년부터 자원봉사센터에 국고보조가 행해지고 있다. 그러나 자원봉사단체에 대한 대부분의 재원은 회비와 기업 또는 일반시민으로부터 기부금 및 사업수입에 의해 조달되고, 공적 기관으로부터의 재정지원은 나머지를 충당하고 있다. 한편, 자원봉사활동의 재정적 안정을 도모하기 위해 1983년부터 자원봉사육성 기금제도가 발족되었다. 자원봉사기금은 자원봉사단체 원조비, 연수양성 사업비, 자원봉사 보험요금, 자원봉사 활동비 조성사업에 사용된다. 道 · 都 · 府 · 縣 및 지정도시 사회복지협의회에서는 市 · 區 · 町 · 村 사회복지협의회 자원봉사센터의 설치 및 운영을 위해 설비와 기재 조성사업, 직원 배치 보조, 운영비 보조, 사업비 보조, 기금조성 보조 등 재정적 지원도 하고 있다(류기형 외, 2004).

NOTE

③ 사업내용

일본 자원봉사조직의 사업내용을 전국자원봉사활동센터, 道·都·府·縣 및 지정도시 자원봉사센터, 市·區·町·村 자원봉사센터 등으로 나누어 살펴볼 수 있다. 전국자원봉사활동센터는 직접 자원봉사자의 모집과 훈련은 하지 않고, 전국적으로 자원봉사자들을 육성하고 활용하는 단체들과 협력해 자원봉사 진흥을 위한 정보지 발행, 각종 관련자료 발행, 홍보활동 등을 한다.

道·都·府·縣 및 지정도시 사회복지협의회 자원봉사센터에서는 다음과 같은 사업을 한다. 첫째, 센터의 정보지나 연구지를 발행한다. 둘째, 자원봉사자 홍보를 위해 자원봉사자대회, 자원봉사자 페스티벌, 자원봉사자 연구집회 등의 대회나 모임을 개최한다. 참가자들은 일반인으로부터 자원봉사자, 자원봉사자 리더, 자원봉사 담당자 등이며, 강의, 사례발표, 분과회, 레크리에이션, 활동보고 등이 행사 내용이 된다. 셋째, 자원봉사 조정자나 리더를 양성하기 위한 자원봉사자 연수회를 실시한다. 연수내용은 자원봉사 조정자와 리더의 역할에 관한 강연과 실습, 사례발표, 그룹토의 등이다. 넷째, 자원봉사활동에 관한 실태조사나 욕구조사를 실시한다. 다섯째, 市·區·町·村 자원봉사센터를 지원한다. 여섯째, 학생 자원봉사활동 보급사업을 실시한다. 1978년부터 국고보조를 받아 사회복지 협력교 사업을 통해 많은 성과를 올리고 있다. 일곱째, 다양한 복지교육 사업을 실시한다. 참가대상은 학교관계자, 사회복지협의회, 각종 단체, 보육소 및 유아원 직원 등 다양하며, 내용

NOTE

은 사례발표, 분과회, 연수, 심포지움, 시설실습 견학 등으로 진행된다. 여덟째, 자원봉사자 보험의 납입금을 보조하는데, 재원은 자원봉사 기금이나 공비보조금 등이다. 아홉째, 복지홍보를 목적으로 자원봉사자의 날, 자원봉사주간, 자원봉사월간 등의 행사를 실시한다. 그 외에도 자원봉사 그룹 명부, 자원봉사 수첩 등을 발행하기도 한다(류기형 외, 2004). 市 · 區 · 町 · 村 자원봉사센터의 사업내용을 살펴보면 다음과 같다. 자원봉사활동의 추진주체로서 市 · 區 · 町 · 村 자원봉사센터의 역할이 강조되면서 국가의 지원이 증대되고 사업도 활성화되고 있다. 여기서 담당하고 있는 역할은 주로 자원봉사자 모집, 홍보활동, 연락, 조정 등으로 자원봉사자 양성 프로그램, 정보제공, 홍보활동, 수요와 공급을 연결하는 조정사업, 봉사활동자 지원, 조사연구활동 등을 행하고 있다.

④ 지원법

자원봉사활동에 대한 지원체계를 살펴보면, 일본의 경우 자원봉사활동에 관한 특별법이나 진흥법은 없고 다만 관련법이나 지침에 의거하고 있다. 정부가 위촉하는 자원봉사자인 민생위원제도는 민생위원법에 의해 운영되고 있으며, 사회복지사업법 제7장 제70조와 같은 조항에서 국민의 사회복지관련 활동에의 참여를 촉진하는 조치를 규정하여 자원봉사활동의 가능성을 열어 놓고 있을 뿐이다. 이 법에 의거해 1975년 사회복지협의회를 중심으로 전국적으로 자원봉사활동 추진체계가 정비되기 시작했고 국가 및 지방자치단체가 이를 지원하고 있다.

그 후 1993년 사회복지사업법에 근거하여 '국민의 사회복지활동 참가 촉진을 도모하는 조치에 관한 기본 지침' 이 고시되어, 복지활동에 대한 이해의 증진(복지교육과 학습, 계발과 보급, 사회적 평가 등), 복지활동의 조건 정비(자원봉사 지도자 양성 연수 및 자원봉사보험의 보급, 자원봉사센터의 정비, 지역에서의 복지활동 추진체제의 정비), 주민 참가형 복지서비스 공급 조직의 활용(복지공사, 소비생활협동조합, 농업협동조합 등의 협력), 기업 및 노동조합의 사회적 공헌활동, 지방자치단체의 사회복지활동 참가 촉진을 위한 지원 등에 관한 사항을 명시하고 있다. 1998년에는 특정비영리활동촉진법이 제정되어 자원봉사단체의 법인화를 촉진하고 특정비영리법인 설립기준을 마련하였다(류기형 외, 2004).

NOTE

⑤ 지원조직

일본에서는 자원봉사활동의 육성을 정부에서 적극적으로 관여하고 있다. 그러나 자원봉사 담당기구는 일원화되지 않고 여러 부처에서 분리하여 담당하고 있다. 그 중에서도 대표적인 것은 후생성의 복지교육 차원의 지원과 문부성의 생애학습 차원의 지원이라고 할 수 있다. 이 외에도 환경청은 환경 지원봉사자 제도, 건설성은 하천 정비에 자원봉사자를 활용하는 제도, 우정성은 국제자원종사기금, 노동성은 근로청소년센터의 자원봉사 코너 설치 등을 통해 지원하고 있다. 비정부 지원조직으로는 기업, 자원봉사재단, 사회복지협의회, 공동모금회 등이 있다.

국가 차원의 자원봉사활동 지원내용을 살펴보면, 후생성에서는 자원봉사센터 운영비 지원 외에도 복지자원봉사마을만들기(볼런토피아 사업)을 실시하고, 학생 대상의 자원봉사활동보급사업협력교(복지협력교) 사업을 실시하고 있다.

볼런토피아 사업은 市 · 區 · 町 · 村 사회복지협의회가 중심이 되어 지역사회에서 자원봉사활동이 활발히 전개될 수 있도

NOTE

록, 자원봉사활동에 관한 홍보나 모임의 개최 등 시민개발 추진사업, 자원봉사 리더나 초보자 대상 양성연수사업, 볼런토피아 활동에 필요한 기재의 정비, 기금 조성 등의 활동을 전개한 것이다.

일본에서는 자원봉사활동 중에 발생하는 사고 재해를 미연에 방지하기 위해 사고방지대책에 관한 지침을 마련하고, 사고가 발생했을 때에는 자원봉사보험에서 제반 경비를 충당하고 있다(류기형 외, 2004).

3 한국 사회봉사제도의 현황과 법제

1) 한국 자원봉사활동의 발전과정

우리 나라에서 사회봉사활동의 사례를 찾아본다면 농촌의 두레, 품앗이, 계, 향약 등을 들 수 있다. 이러한 활동들이 상부상조나 자선활동으로서 사회봉사활동에 유사한 요소가 많지만 현대적 의미의 사회봉사나 자원봉사활동과는 다른 요소도 포함하고 있다.

현대적 의미의 자원봉사활동은 1921년 태화기독교사회관에서 실시된 여성계몽과 어린이 건강을 위한 봉사활동이라고 할 수 있다. 이 시기에는 기독교 전통의 자선적 · 박애적 성격을 띠는 초보적 형태의 자원봉사활동이라고 하겠다(류기형 외, 2004).

1960년대에 들어와서는 인도주의와 자원봉사를 기본 정신으로 하는 적십자운동을 중심으로 자원봉사활동이 보다 조직화되었다고 할 수 있다. 1971년에 시작된 새마을운동은 지역 주민들의 생산기반과 생활능력을 개발하여 소득수준을 향상시키고 의식계발을 포함한 사회개발에 큰 기여를 하였을 뿐만 아니라 자원봉사 정신의 확산에도 커다란 영향을 미쳤다.

그러나 자원봉사활동에 대한 관심이 본격적으로 높아지기 시작한 것은 1980년대에 들어와서부터이다. 이것은 경제 수준의 향상, 국민의식의 증대, 가족구조의 변화 등 사회경제적 변화에 따른 것으로 1984년 한국여성개발원에 자원봉사 인력은행이 설치되고, 1985년에는 올림픽조직위원회에 의하여 자원봉사단이 구성됨으로써 보다 조직적으로 자원봉사활동이 전개되게 되었다. 그리고 1991년에는 한국자원봉사협의회가 창립총회를 가짐으로써 최초의 전국적인 전문적 민간 자원봉사단체가 설립되었다.

또한 각계 자원봉사단체의 공조활동을 도모하기 위하여 1994년에 한국자원봉사단체협의회가 조직되어 1997년에는 아시아태평양지역 국제자원봉사 행사를 마쳤으며, 1995년에는 학계, 정부, 기업, 사회복지관 등 각계 자원봉사 전문가들이 모여 '한국자원봉사포럼'을 구성하여 관련 현안에 대한 논의를 통해 정책대안을 제시하고 각계의 공조를 이끌어내는데 기여하고 있다(한국사회복지협의회, 1997).

1994년 중앙일보사에 의한 자원봉사 캠페인은 자원봉사활동에 대중매체가 적극적으로 참여함으로써 자원봉사활동의 저변 확대에 크게 기여하였다. 뿐만 아니라 1995년 5월 31일 교육개혁의 일환으로 초 · 중 · 고 청소년 자원봉사활동이 의무화되고, 대학입학에 반영되면서 자원봉사에 대한 학계의 관심이 크게 증가하였다. 자원봉사활동의 필요성에 대한 공감대가 확산되면서 기업의 신입사원 채용과 직원 연수에도 자원봉사 실적이 반

NOTE

NOTE

영되고, 기업의 사회봉사단이나 자원봉사대도 창설되었다.

정부에서도 자원봉사 활성화를 위해 자원봉사활동을 통합 관리하는 행정체계를 구축하고자 1995년부터 내무부 사회진흥과에서 자원봉사활동 관련 업무를 총괄하도록 하였으며, 1996년부터 자치단체 당 자원봉사센터 1개소 설치를 목표로 추진하여왔다. 이와 함께 활동 영역을 사회복지분야에서 환경, 문화 등 전 영역으로 확산시키는 방향으로 나아가고 있다. 자원봉사자와 단체들은 월드컵대회와 부산 아시안 게임 등 중요한 국제대회를 성공적으로 개최하는데 기여하였을 뿐 아니라, 각종 재해복구 활동에도 크게 기여하여 국민화합에도 중요한 역할을 수행하고 있다.

1996년에는 한국대학사회봉사협의회가 창립되어 대학의 자원봉사 활성화에 기여하고 있으며, 2000년 한국자원봉사센터협회, 2003년 한국자원봉사협의회의 창립을 계기로 자원봉사의 발전에 기여하고 있다.

또한 2002년에는 IAVE 세계자원봉사대회 조직위원회 주최로 세계자원봉사대회를 우리 나라에서 개최하여 전세계 자원봉사단체 교류의 장을 마련하고 우리 나라의 자원봉사활동을 전세계에 알리게 되었다(류기형 외, 2004).

2) 한국 사회봉사제도의 현황

① 추진주체

우리 나라 자원봉사활동을 추진하는 주체에는 사회복지자원봉사정보센터, 시 · 도 자원봉사센터, 자원봉사알선센터, 여성자원활동센터, 청소년자원봉사센터, 재가복지봉사센터, V타운21세기운동전국협의회, 여성단체, 종교단체, 국민운동단체,

청소년단체 등과 같은 관련단체와 기업 등이 있다(류기형 외, 2004).

사회복지자원정보안내센터는 1994년에 설립되어 체계적이고 효율적인 자원봉사를 위한 정보 관리체계의 구축 및 전문성 향상을 도모하고 자원봉사 단체 간의 교류협력과 자원봉사활동의 홍보 및 교육체계화에 기여할 목적으로 사회복지협의회 부설로 만들어졌다.

시 · 도 자원봉사센터는 1996년부터 전국에 시 · 도 및 시 · 군 · 구 자원봉사센터로 설치 · 운영되고 있는데 자치단체에서 직영하거나 위탁해서 운영하고 있다. 자원봉사자의 모집과 배치를 주된 업무로 하고 있다.

자원봉사알선센터는 보건복지부로부터 한국사회복지관협회가 1992년 재가복지봉사관리센터를 위탁받은 후 자원봉사에 대한 필요성을 인식하여 1993년에 개설되었다. 사회복지관과 재가복지봉사센터를 통해 많은 자원봉사자들을 관리하고 있다.

여성자원활동센터는 산발적으로 수행되고 있던 여성 자원봉사를 지역단위로 통합 · 운영하여 자원봉사 희망자의 편의를 도모하고 정부의 공공서비스 분야에 여성들의 자발적인 참여와 봉사의 기회를 적극 제공하고자 1991년에 한국여성개발원이 설치 · 운영하였다. 시 · 군 · 구의 여성자원활동센터는 주로 시 · 군 · 구 가정복지과가 운영하고 있으나 일부는 여성회관이나 기타 기관에서 운영하고 있다.

V타운 21세기운동전국협의회는 모든 국민이 자원봉사자로 나서서 자신들이 사는 지역을 가꾸어 보자는 풀뿌리 자원봉사 시민운동을 추진하는 단체로 지역단위로 주민들의 복지관심과 참여 증진, 국민복지 민 · 관 파트너십 체계 형성을 목적으로 하고 있다. 대학의 사회복지학과 등 관련 학과와 기관의 전문

NOTE

NOTE

〈표 2-1〉 부처별 자원봉사센터 현황(2003)

구분	행정안전부	여성부	보건복지가족부	
센터명	자원봉사센터	여성자원활동 센터	사회복지정보 센터	청소년 자원 봉사센터
설치근거	지침 및 조례	여성발전 기본법 시행령 제35조	사회복지 사업법 제9조	청소년기본법 시행령 제4조
설치단위 (설치 수)	시 · 군 · 구 (222)	시 · 군 · 구 (165)	시 · 도(17)	시 · 도(17)
종사자 수 (표준안)	3명	1~2명	1~2명	4~6명
주요 재원	특별부가세	여성발전기금	보조금	국비-사업비 기금-운영비
지원액 (지방비 별도)	40억 원 공통경비	1.5억 원 사업별 지원	4.56억 원	1.3억 원
주요 기능	자원봉사자 모집 및 배치	여성봉사활동 지원	사회복지 봉사활동 지원	청소년 봉사활동 지원
법인 여부	위탁 또는 직영	직영	법인 (사회복지)	법인(청소년)

*출처 : 행자부 자원봉사활성화 추진시책 자료. 2003.(류기형 외, 2004에서 전재)

가들이 함께 참여하고 있으나, 지역적 분포는 제한되어 있다.

재가복지봉사센터는 기존의 사회복지관, 장애인복지관, 노인복지관 등에 전담 인력과 장비, 사업비를 지원하여 복지관 부설 형태로 운영되고 있다. 부설센터별로 명칭이 다소 상이하여, 재가복지봉사센터, 가정봉사원 파견사업소, 장애인순회재활서비스센터, 지역복지봉사센터 등으로 불리고 있다.

부처별 자원봉사센터 현황을 살펴보면 〈표 2-1〉과 같다.

그 외에 대기업을 중심으로 기업의 사회봉사활동이 활발히 행해지고 있는데, 사회봉사단, 자원봉사대 등을 조직하거나 연수시 자원봉사활동을 의무화하거나 채용시 사회봉사활동 경력을 반영하기도 한다.

② 재원 및 사업내용

자원봉사활동 추진 조직의 재원은 크게 정부의 보조금, 기업의 지원, 기관 자체 모금 및 후원금 등으로 구성된다.

자원봉사활동 추진 조직에서 행하는 사업 내용은 다음과 같다. 사회복지자원봉사정보안내센터의 주요 사업은 자원봉사자 관리업무 전산화 S/W 개발, 자원봉사 전산망(VT-NET) 구축 운영, 자원봉사 관련 자료 수집 및 정보 제공, 안내 및 상담, 교육 훈련 및 교재 개발, 조사 · 연구 및 프로그램 개발, 시 · 도 자원봉사정보안내센터 운영 등이 있다.

재가복지봉사센터의 사업내용은 사회복지관 부설센터의 경우 노인, 장애인, 결손가정, 소년 · 소녀가장 등 저소득층 가정을 대상으로 종합적인 재가복지서비스를 제공하고, 지역사회 자원을 발굴하고 활용하는 역할을 담당하고 있다. 노인복지관 부설센터의 경우에는 단독세대 노인 및 거동 불편 노인을 대상으로 재가복지서비스를 제공하고 있으며, 장애인복지관 부설센터는 재가장애인 및 가족을 대상으로 순회재활서비스 제공, 의료재활, 직업재활, 상담교육의 기능을 하고 있다. 그리고 사회복지협의회 부설센터는 지역의 사회복지시설에서 필요로 하는 자원봉사자를 발굴하고 교육시키며 공급하는 기능을 담당하고 있다(류기형 외, 2004).

자원봉사알선센터에서는 재가복지봉사센터의 직원교육, 자원봉사자 정기 보수교육, 예산 지원, 조사 연구와 홍보, 교재 발간 등의 업무를 주로 담당하고 있다(한국복지연구회, 1999).

NOTE

NOTE

3) 한국의 자원봉사법 – 자원봉사활동 기본법

우리 나라의 자원봉사활동에 대한 정부의 지원은 미약하며, 자원봉사활동을 지원하는 법적 근거가 마련되어 있지 않았었다. 그러나 그동안 오랜 논의 끝에 자원봉사활동 기본법이 2005년에 제정되어 자원봉사활동을 지원하는 법적 근거가 마련되었다.

정부 차원에서 자원봉사법이 처음 거론되고 검토된 것은 1994년 보건복지부 업무 보고시 자원봉사활동을 강화하라는 대통령의 지시에 의해서였다. 그 후 1994년 정기국회에서 여·야당이 각각 자원봉사활동지원법안을 상정하였으나 자원봉사자의 범위에 선거운동 봉사자를 포함시키는 문제 등으로 대치하다 무산되었다. 그 후에도 1994년 당정협의회에서 내무부가 자원봉사 주무부처로 지정된 이후 그동안 4차례에 걸쳐 법제정을 추진하였으나 매번 부처 간이나 단체 간의 이견으로 실패함에 따라 성사되지 못하였다. 그러다 2003년 한국자원봉사협의회가 창립되면서 각계각층의 합의를 거친 단일안이 채택되었고, 이를 바탕으로 행정안전부 주관으로 2004년 5월 자원봉사전문가(대학교수), 자원봉사단체, 관련부처 등 22명이 참여하는 민·관 협의기구로서 "자원봉사활성화 추진기획단"을 구성하여 무릇 11차례에 걸쳐 회의와 협의를 거쳐 관련부처와 단체 등이 모두 합의된 자원봉사활동기본법 초안을 만들었는데 이는 법제정 과정에서부터 민간을 대폭참여 시켜 민·관 파트너십을 형성하였다는 것에 의의가 있다. 이 안을 토대로 2005년 8월 자원봉사활동 기본법이 제정되었다.

자원봉사활동 기본법의 주된 내용은 시민사회가 성숙됨에 따라 자원봉사에 대한 국민적 관심이 증가되고 있고 봉사활동

분야도 사회전반에 걸쳐 그 영역이 확대됨에 따라 자원봉사활동을 진흥하고 행복한 공동체 건설에 기여함을 목적으로 하고 있다. 자원봉사진흥정책의 기본방향은 국민의 협동적인 참여능력을 높일 수 있는 방향으로 추진하며, 자원봉사활동은 무보수성, 자발성, 공익성, 비정파성, 비종교성의 원칙아래 수행하고, 모든 국민은 연령, 성별, 장애 등 사회적 배경에 관계없이 누구나 참여하며, 자원봉사정책은 민 · 관협력의 기본정신을 바탕으로 추진한다는 것이다.

또한 이 법안은 사회전반에 걸쳐 전개되고 있는 시민들의 자원봉사활동을 공적자원으로 전환하여 국가경쟁력을 높이기 위해 국가와 지방자치단체가 진흥하고 권장 · 지원토록 역할을 명시하였다. 그리고 자원봉사활동이 환경, 재난구호 등 사회전반에 걸쳐 진행되고 있고 관련 부처도 교육과학기술 · 행정안전 · 보건복지가족 · 문화관광 · 여성부 등 전 부처에 걸쳐있어 정책의 중복을 피하고 체계적으로 지원하기 위해 국무총리 산하에 관련부처 및 민간전문가로 구성된 자원봉사진흥위원회를 설치하여 국가기본계획을 수립하고 부처별 자원봉사정책을 조정 · 심의토록 하였다.

또한 자원봉사활동 영역이 확대되고 봉사수준도 단순노동에서부터 전문분야에까지 이루어지면서 봉사활동과정에서 여러가지 위험에 노출되고 있어 국가와 지방자치단체는 자원봉사자의 보험가입 등 안전보장 의무를 명시하고 자원봉사단체 및 센터도 자원봉사자에 대한 체계적 교육훈련과 안전대책을 강구토록 하였다.

아울러 전국단위 자원봉사단체의 정보연계 및 민간자원봉사활동의 중심체 역할수행을 위해 "한국자원봉사협의회"를 설립하여 회원단체간의 협력 및 사업지원, 자원봉사활동의 진흥을

NOTE

NOTE

위한 대국민 홍보 및 국제교류, 자원봉사활동과 관련된 정책의 개발 및 조사 · 연구, 자원봉사활동과 관련된 정책의 건의를 하도록 하였다.

마지막으로 지역단위 자원봉사 인프라로서 자원봉사센터의 설립근거와 설치주체를 명시하고 운영형태의 법인화를 통해 자치단체로부터 독립성 및 전문성 · 자율성이 확보되도록 했다.

자원봉사활동 기본법이 시행됨에 따라 시민들의 자발적 참여를 통한 자원봉사활동이 더욱 활성화되고 이를 국가가 적극 뒷받침하는 역할 분담을 통해 국가경쟁력을 높이고 국민들이 민주사회 구성원으로서의 역할수행과 상호 협조하는 연대의식 함양 등 새로운 사회기풍을 조성하여 건전시민운동으로 정착되는 방향으로 나아가고 있다.

4) 시 · 도 자원봉사센터의 기능과 역할

시 · 도 자원봉사센터는 중앙의 자원봉사활동 정책에 따라 실무를 집행하는 조직이다. 앞에서 살펴본 바와 같이 시 · 도 자원봉사센터는 중앙부처에 따라 행정안전부뿐만 아니라 여성부 관할의 여성자원활동센터, 보건복지가족부 관할의 사회복지정보센터, 청소년 자원봉사센터 등 여러 유형이 있으며, 대상을 달리하고 있다. 여기서는 가장 설치 단위도 많고 규모도 큰 행정안전부 산하의 시 · 도 자원봉사센터를 중심으로 기능과 역할을 살펴보고자 한다.

앞에서 본 자원봉사활동기본법안에는 제3조에서 "'자원봉사센터' 라 함은 자원봉사활동의 개발 · 장려 · 연계 · 협력 등의 사업을 수행하기 위한 기관과 법인 · 단체 등을 말한다"고 정의하였고, 제15조에서 자원봉사자에 대한 교육훈련 및 안전대책 등을 체계적으로 관리하는 것을 임무로 정하였다. 또한 제16조에서는 자원봉사활동의 진흥을 위하여 자원봉사단체 및 자원봉사센터가 대통령령이 정하는 특정사업을 수행하기 위하여 국 · 공유재산을 필요로 한다고 인정하는 때에는 이를 무상으로 대여하거나 사용하게 할 수 있다는 특전을 부여하였다.

제19조에서는 국가는 자원봉사센터의 설치 · 운영이 활성화될 수 있도록 적극 노력하여야 하며, 지방자치단체는 자원봉사센터의 운영에 필요한 경비를 지원할 수 있다. 또한 국가기관 및 지방자치단체는 자원봉사센터를 설치 · 운영할 수 있고, 이 경우 필요하다고 인정할 때에는 자원봉사센터를 법인으로 할 수 있으며, 자원봉사센터의 효율적인 운영을 위하여 필요한 때에는 비영리법인에게 자원봉사센터의 운영을 위탁할 수 있다고 정하였다. 이밖에 자원봉사센터의 설치 및 운영에 관하여 필요한 사항은 대통령령으로 정하도록 하였다.

행정안전부는 1996년부터 지역에서 자원봉사 희망자와 수요처를 중개하고, 지역의 자원봉사 데이터 관리와 정보의 제공 및 자원봉사자 교육과 프로그램 개발 · 보급 등을 위하여 지역자원봉사센터 설치를 시작하여 2003년 말 기준으로 248개소를 설치 · 운영하게 되었다. 행정안전부는 지난 1996년부터 1개소 당 29백만 원씩 총71억92백만 원의 특별교부세를 자치단체에 교부하여 시 · 도, 시 · 군 · 구에 248개소의 자원봉사센터를 설치하게 된 것이다.

지역자원봉사센터는 지역에서 자원봉사 활동을 하고자 하는 사람과 자원봉사활동이 필요한 사람이나 기관을 연결시켜 주고, 자원봉사활동 실적을 관리하여 자원봉사 인센티브제 도입 기반을 구축하고, 자원봉사자가 사고를 당할 경우를 대비해 자

NOTE

NOTE

원봉사자의 등록을 받아 보험을 가입시켜 줌으로써 자원봉사문화가 일상생활로 자리 잡는데 큰 기여를 할 것으로 기대된다.

현재 자원봉사센터에 종사하는 인력은 평균 2~3명으로 조직 및 예산 등이 취약하나, 운영을 자원봉사자 중심으로 하도록 함으로써 시민참여 주도형 자원봉사센터로 자리잡아 가도록 할 계획이다. 각 지역의 자원봉사센터는 인터넷 상의 각 봉사센터 홈페이지에 접속하여 등록하거나, 센터를 직접 방문하여 등록하여 자신에 적합한 자원봉사활동에 참여할 수 있으며, 자원봉사가 필요한 사람이나 기관은 홈페이지에 필요사항을 게재하여 자원봉사자를 공급받을 수 있다.

앞으로 행정안전부는 최근 지역자원봉사활동의 그 중요성이 더해가고 있는 현실에서, 자원봉사를 통하여 사회안전망을 보완하여 우리 사회의 그늘진 면을 어루만질 수 있도록 하는 한편, 새롭게 나타나는 외국인근로자, 탈북자정주, 노령층 확대 등 자원봉사수요에 신축적으로 대응하고, 주 5일제 근무와 수명연장 추세 속에서 시민들이 보람있게 삶을 살아갈 수 있도록 봉사일터를 마련하여, 국민들이 함께 참여해나가는 복지시스템을 구현하도록 지원하고 있다. 지역자원봉사센터의 목적과 사업을 구체적으로 알아보려면, 시 · 도 자원봉사센터의 홈페이지를 참조하면 된다(서울-http://volunteer.seoul.go.kr).

5) 우리 나라 자원봉사활동의 과제

지금까지 살펴 본 우리나라 자원봉사활동의 문제를 다음과 같이 몇 가지로 정리할 수 있다. 첫째, 자원봉사활동의 담당 부처가 다양하고 중복되는 경향이 있어 이를 효율적으로 총괄하고 조정하는 것이 필요하다. 둘째, 자원봉사센터 등 추진기관들을 공공기관에서 직영하거나 공무원이 차지하는 비중이 높아, 자율성과 전문성에 문제가 있을 가능성이 크다. 자원봉사센터의 법인화를 통해 자치단체로부터 독립성 및 전문성·자율성을 확보할 필요가 있다. 셋째, 자원봉사관리자의 전문성과 체계성이 부족하다. 효과적인 교육 및 자격 관리 방안이 마련될 필요가 있다. 넷째, 기업, 학교, 언론 등 민간부분의 참여가 다양하고 활성화되어야 한다. 다섯째, 다양한 지원책을 강구해야 한다. 예를 들면, 보험 가입, 안전보장제도, 자원봉사자의 사기 진작, 저변 확대, 자원봉사 경력 인정, 자원봉사활동 지원에 대한 세금감면 등 재정적 지원제도 등이 확충될 필요가 있다. 여섯째, 다양한 자원봉사교육과 훈련이 체계화되어야 한다. 또한 자원봉사 추진기관 간에 네트워크 구축과 교류가 활성화될 필요가 있다.

자원봉사활동 기본법이 시행됨에 따라 자원봉사활동이 활성화 될 환경은 조성된 셈이나, 실질적으로 자원종사활동에 대한 인식이 전환되고 사회적 지원이 확보되어 자원봉사활동이 질적으로 발전되고 자원봉사활동 참여자를 증대시키는 과제를 해결하는 데는 더 많은 노력이 필요한 것으로 생각된다.

인터넷 접속사이트

문화체육관광부	http://www.mcst.go.kr
보건복지가족부	http://www.mohw.go.kr
여성부	http://www.moge.go.kr
볼런티어21	http://www.volunteer21.org
사회복지공동모금회	http://www.chest.or.kr
서울시자원봉사센터	http://volunteer.seoul.go.kr

NOTE

NOTE

청소년자원봉사활동정보서비스
http://www.dovol.net

한국사회복지협의회 http://www.bokji.net

한국사회복지협의회 자원봉사망(VT-NET)
http://www.bokji.net

한국여성정책연구원(구, 여성개발원)
http://www.kwdi.re.kr

한국자원봉사센터중앙회 http://www.kavc.or.kr

한국자원봉사협의회 http://www.kcv.or.kr

행정안전부 http://www.mopas.go.kr

부록

NOTE

자원봉사활동 기본법

법률 제8852호(정부조직법) 일부개정 2008. 02. 29.

제1조 (목적) 이 법은 자원봉사활동에 관한 기본적인 사항을 규정함으로써 자원봉사활동을 진흥하고 행복한 공동체 건설에 기여함을 목적으로 한다.

제2조 (기본방향) 자원봉사활동의 진흥을 위한 정책은 다음 사항을 기본방향으로 하여야 한다.

1. 자원봉사활동은 국민의 협동적인 참여능력을 높일 수 있는 방향으로 추진하여야 한다.
2. 자원봉사활동은 무보수성 · 자발성 · 공익성 · 비영리성 · 비정파성 · 비종파성의 원칙 아래 수행될 수 있도록 하여야 한다.
3. 모든 국민은 연령 · 성별 · 장애 · 지역 · 학력 등 사회적 배경에 관계없이 누구든지 자원봉사활동에 참여할 수 있도록 하여야 한다.
4. 자원봉사활동의 진흥을 위한 정책은 민 · 관 협력의 기본정신을 바탕으로 하여 추진하여야 한다.

제3조 (용어의 정의) 이 법에서 사용하는 용어의 정의는 다음과 같다.

1. "자원봉사활동"이라 함은 개인 또는 단체가 지역사회 · 국가 및 인류사회를 위하여 대가없이 자발적으로 시간과 노력을 제공하는 행위를 말한다.
2. "자원봉사자"라 함은 자원봉사활동을 행하는 자를 말한다.
3. "자원봉사단체"라 함은 자원봉사활동을 주된 사업으로 행하거나 이를 지원하기 위하여 설립된 비영리 법인 또는 단체를 말한다.
4. "자원봉사센터"라 함은 자원봉사활동 개발 · 장려 · 연계 · 협

NOTE

력 등의 사업을 수행하기 위하여 법령과 조례 등에 의하여 설치된 기관 · 법인 · 단체 등을 말한다.

제4조 (국가 및 지방자치단체의 책무) 국가와 지방자치단체는 자원봉사활동의 진흥에 관한 시책을 강구하여 국민의 자원봉사활동을 권장 · 지원하여야 한다.

제5조 (정치활동 등 금지의무) ① 제14조 · 제18조 및 제19조에 근거하여 지원을 받는 자원봉사단체 및 자원봉사센터는 그 명의 또는 그 대표의 명의로 특정정당 또는 특정인의 선거운동을 하여서는 아니된다.

② "선거운동"이라 함은 「공직선거법」 제58조제1항의 규정에 따른 선거운동을 말한다.

제6조 (다른 법률과의 관계) 자원봉사활동의 진흥 등에 관하여는 다른 법률에 특별한 규정이 있는 경우를 제외하고는 이 법이 정하는 바에 따른다.

제7조 (자원봉사활동의 범위) 이 법의 적용을 받는 자원봉사활동의 범위는 다음과 같다.

1. 사회복지 및 보건 증진에 관한 활동
2. 지역사회개발 · 발전에 관한 활동
3. 환경보전 및 자연보호에 관한 활동
4. 사회적 취약계층의 권익증진 및 청소년의 육성보호에 관한 활동
5. 교육 및 상담에 관한 활동
6. 인권옹호 및 평화구현에 관한 활동
7. 범죄예방 및 선도에 관한 활동
8. 교통 및 기초질서계도에 관한 활동
9. 재난관리 및 재해구호에 관한 활동
10. 문화 · 관광 · 예술 및 체육진흥에 관한 활동
11. 부패방지 및 소비자보호에 관한 활동
12. 공명선거에 관한 활동
13. 국제협력 및 해외봉사활동
14. 공공행정분야 사무 지원에 관한 활동
15. 그 밖에 공익사업의 수행 또는 주민복리의 증진에 필요한 활동

제8조 (자원봉사진흥위원회) ① 자원봉사활동에 관한 주요정책을 심의하기 위하여 국무총리 소속하에 관계부처 및 민간전문가로 구성된 자원봉사진흥위원회를 둔다.

② 자원봉사진흥위원회는 다음 사항을 심의한다

1. 자원봉사활동의 진흥을 위한 정책방향의 설정 및 협력 · 조정
2. 자원봉사활동의 진흥을 위한 국가기본계획과 연도별 시행계획에 관한 사항
3. 자원봉사활동의 진흥을 위한 제도개선에 관한 사항
4. 그 밖에 자원봉사활동의 진흥에 관하여 필요한 사항

③ 제2항의 규정에 의한 심의사항을 미리 검토하고 관계 기관간의 협의사항을 정리하기 위하여 자원봉사진흥위원회에 실무위원회를 둘 수 있다.

④ 자원봉사진흥위원회 및 실무위원회의 구성 · 조직 및 운영에 관하여 필요한 사항은 대통령령령으로 정한다.

제9조 (자원봉사활동의 진흥에 관한 국가기본계획의 수립) ① 행정안전부장관은 관계중앙행정기관의 장과 협의하여 자원봉사활동의 진흥을 위한 국가기본계획(이하 "기본계획"이라 한다)을 5년마다 수립하여야 한다. [개정 2008.2.29 제8852호(정부조직법)]

② 기본계획에는 다음 사항이 포함되어야 한다.

1. 자원봉사활동의 진흥에 관한 기본방향
2. 자원봉사활동의 진흥에 관한 추진일정
3. 관계 중앙행정기관의 자원봉사 활동에 관한 추진시책
4. 자원봉사활동의 진흥을 위하여 필요한 재원의 조달방법
5. 그 밖에 자원봉사활동의 진흥을 위하여 특히 필요하다고 인정되는 사항

제10조 (연도별 시행계획의 수립) 관계 중앙행정기관의 장과 지방자치단체의 장은 기본계획에 따라 연도별 시행계획을 수립 · 시행하여야 한다.

제11조 (학교 · 직장 등의 자원봉사활동 장려) ① 학교는 학생의 자원봉사활동을 권장하고 지도 · 관리하기 위하여 노력한다.

② 직장은 직장인의 자원봉사활동을 촉진하기 위하여 노력한다.

NOTE

NOTE

③ 학교 · 직장 등의 장은 학생 및 직장인 등의 자원봉사활동에 대하여 그 공헌을 인정하여 줄 수 있다.

제12조 (포상) 국가와 지방자치단체는 국가와 사회에 현저한 공로가 있는 자원봉사활동을 한 자원봉사자, 자원봉사단체, 자원봉사센터 등에 대하여 대통령령이 정하는 바에 따라 포상할 수 있다.

제13조 (자원봉사자의 날 및 자원봉사주간) ① 국가는 국민의 자원봉사활동에 대한 참여를 촉진하고 자원봉사자의 사기를 높이기 위하여 매년 12월 5일을 자원봉사자의 날로 하고 자원봉사자의 날부터 1주간을 자원봉사주간으로 설정한다.

② 자원봉사자의 날 및 자원봉사주간의 행사에 관하여 필요한 사항은 대통령령으로 정한다.

제14조 (자원봉사자의 보호) ① 국가와 지방자치단체는 자원봉사활동이 안전한 환경 속에서 이루어질 수 있도록 노력하여야 한다.

② 자원봉사자에 대한 보험의 가입 등 보호의 종류와 내용에 관하여 필요한 사항은 대통령령으로 정한다.

제15조 (자원봉사활동의 관리) 자원봉사단체 및 자원봉사센터는 자원봉사자에 대한 교육훈련 및 안전대책 등이 체계적으로 관리될 수 있도록 노력하여야 한다.

제16조 (국 · 공유재산의 사용) 국가와 지방자치단체는 「국유재산법」 또는 「지방재정법」의 규정에 불구하고 자원봉사활동의 진흥을 위하여 자원봉사단체 및 자원봉사센터가 대통령령이 정하는 특정사업을 수행하기 위하여 국 · 공유재산을 필요로 한다고 인정하는 때에는 이를 무상으로 대여하거나 사용하게 할 수 있다.

제17조 (한국자원봉사협의회) ① 자원봉사단체는 전국단위의 자원봉사활동을 진흥 · 촉진하기 위한 다음의 활동을 하기 위하여 한국자원봉사협의회를 설립할 수 있다.

1. 회원단체간의 협력 및 사업지원
2. 자원봉사활동의 진흥을 위한 대국민 홍보 및 국제교류
3. 자원봉사활동과 관련된 정책의 개발 및 조사 · 연구
4. 자원봉사활동과 관련된 정책의 건의
5. 자원봉사활동과 관련된 정보의 연계 및 지원

6. 그 밖에 자원봉사활동의 진흥과 관련하여 국가 및 지방자치단체로부터 위탁받은 사업

② 제1항의 규정에 의한 한국자원봉사협의회는 법인으로 한다.

③ 한국자원봉사협의회는 정관을 작성하여 행정안전부장관의 인가를 받아 등기함으로써 설립된다. [개정 2008.2.29 제8852호(정부조직법)]

④ 한국자원봉사협의회의 조직과 운영 등에 관하여 필요한 사항은 대통령령으로 정한다.

제18조 (자원봉사단체에 대한 지원) 국가 및 지방자치단체는 자원봉사단체의 활동에 필요한 행정적 지원을 할 수 있으며 「비영리민간단체지원법」에 의한 사업비를 지원할 수 있다.

제19조 (자원봉사센터의 설치 및 운영) ① 국가기관 및 지방자치단체는 자원봉사센터를 설치할 수 있다. 이 경우 자원봉사센터를 법인으로 하여 운영하거나 비영리 법인에게 위탁하여 운영하여야 한다.

② 제1항 후단의 규정에도 불구하고 자원봉사활동을 효율적으로 추진하기 위하여 필요하다고 인정할 때에는 국가기관 및 지방자치단체가 운영할 수 있다.

③ 국가는 자원봉사센터의 설치·운영이 활성화될 수 있도록 적극 노력하여야 하며, 지방자치단체는 자원봉사센터의 운영에 필요한 경비를 지원할 수 있다.

④ 자원봉사센터 장의 자격요건과 자원봉사센터의 조직 및 운영 등에 관하여 필요한 사항은 대통령령으로 정한다.

제20조 (벌칙) 자원봉사단체 및 자원봉사센터가 제5조의 규정에 따른 정치활동 등 금지의무를 위반한 때에는 「공직선거법」 제255조제1항제11호의 규정에 따른 벌칙을 적용한다.

부칙 [2005.8.4 제7669호]

① (시행일) 이 법은 공포 후 6월이 경과한 날부터 시행한다.

② (사단법인 한국자원봉사협의회에 관한 경과조치) 이 법 시행 당시 「민법」 제32조의 규정에 의하여 설립된 사단법인 한국자원봉사협의

NOTE

NOTE

회는 이 법에 의한 한국자원봉사협의회로 본다. 다만, 이 법 시행 후 6월 이내에 정관을 변경하여 행정자치부장관의 인가를 받아야 한다.

부칙 [2008.2.29 제8852호(정부조직법)]
제1조(시행일) 이 법은 공포한 날부터 시행한다. 단서 생략
제2조부터 제5조까지 생략
제6조 (다른 법률의 개정) ① 부터 〈216〉 까지 생략
〈217〉 자원봉사활동 기본법 일부를 다음과 같이 개정한다.
제9조제1항 및 제17조제3항 중 "행정자치부장관"을 각각 "행정안전부장관"으로 한다.
〈218〉 부터 〈760〉 까지 생략
제7조 생략

제3장

사회봉사의 접근자세와 방법

C·H·A·P·T·E·R·T·H·R·E·E

1. 서론
2. 사회봉사의 접근원칙
3. 사회봉사자의 역할과 기본자세
4. 사회봉사활동에 필요한 실천기술

1 서론

NOTE

사회봉사활동은 모든 구성원들이 보다 인간답고 행복하며 건강하게 살도록 하기 위한 자발적인 활동이라고 할 수 있다. 아울러 사회봉사활동은 근본적으로 사회와 집단 혹은 모든 인간의 행복과 질서, 공공의 선을 추구하는 일이어야 한다. 따라서 사회봉사활동은 모든 사람들이 추구하는 사회발전과 인간의 행복을 실현하고 인간다운 생활을 할 권리를 충족시키려는 사람들의 노력인 것이다(김영호 외, 2002).

현대사회의 사회봉사활동은 과거의 사회봉사활동과 비교하여 활동영역이 넓어지면서 내용이나 질적인 면에서 많은 차이점을 보이고 있다. 과거의 사회봉사활동은 다른 전문직을 보완하거나 보충해 주는 데 머무르는 경우가 많았고, 활동분야에 있어서도 어느 정도 한계를 가지고 있었다.

그러나 현대의 사회봉사활동은 사회변화 및 복지사회를 구현하는데 있어서 중심적인 역할을 담당할 뿐만 아니라 개인적인 측면에서도 자신의 삶을 풍요롭게 하고 보람되게 만들 수 있는 계기로 받아들여지고 있다.

이처럼 오늘날의 사회봉사활동은 점차 새로운 의미와 역할을 추구하게 되고, 보다 체계화 · 전문화되어 가는 추세를 보이고 있다. 따라서 각 개인의 필요에 따라 사회봉사 업무를 전문적이고 효과적으로 수행하기 위해서는 다양한 영역에서의 접근자세와 방법이 필요하다.

본 장에서는 사회봉사를 실천하고자 할 때 필요한 여러 가지 원칙과 기본적인 태도 및 자세, 그리고 사회봉사에 어떻게 접

NOTE

근해야 하는가에 대한 원조기술 등을 살펴보도록 하겠다.

2 사회봉사의 접근원칙

사회봉사의 목적을 달성하기 위해서는 사회봉사를 전개함에 있어서 공통된 원칙이 필요하다. 사회봉사활동은 누구나 언제 어디서나 건강한 신체적 · 정신적 조건만 갖추어지면 가능하다. 그러나 사회봉사활동을 보다 전문적이고 효율적으로 수행하기 위해서는 다음과 같은 접근원칙이 준수되어야 한다(김영호 외, 2002, 김익균 외, 2002).

1) 인권의 존중

사회봉사를 하고자 하는 사람은 우선 인간에 대한 이해가 전제되어야 한다. 사회봉사에서 가장 기본적인 요소가 인간이기 때문이다. 인간에 대한 이해를 바탕으로 모든 인간은 그 무엇으로부터 침해받거나 무시될 수 없는 존엄성을 가지고 있다는 인식이 사회봉사활동에서는 중요하다. 왜냐하면 인권의 존중이 사회봉사의 기본 출발점이기 때문이다.

따라서 사회봉사자는 봉사대상자를 대할 때 그들의 인권을 존중하는 자세로 임해야 한다. 봉사대상자가 자신과 전혀 다른 상황에 처해 있을 때, 봉사대상자를 진정으로 이해하고 존중한다는 것은 말처럼 쉬운 일은 아니다. 예를 들어 사회봉사자들은 다음과 같은 경험을 흔히 하게 된다. “장애아동을 위한 기관에 처음 갔는데, 장애아동들의 이상한 행동 때문에 가까이 다가갈 수가 없었어요", "치매노인들을 대하는 것이 힘들어요", "중복 지체 장애인을 가까이 하기 어려워요". 이처럼 장애인이나 노인 등 사회적 약자를 잘못된 시각으로 대하는 경우가 있다. 그러나 자신과 신체외형이 다르고, 삶의 방식이며 생각하는 방식에 차이가 있다고 하여 그들을 무시하거나 거부해서는 안 된다. 왜냐하면 어떠한 장애를 안고 있다하더라도 모든 사람은 자신만큼 소중한 인격체이며 그들과 함께 더불어 살아가는 것이 진정한 민주주의의 사회이기 때문이다.

NOTE

2) 민주주의 정신의 존중

사회봉사는 자발적인 참여를 통한 활동이므로 민주주의의 이념과 관련이 깊다. 그러므로 민주주의의 생각과 방법을 사회봉사에 잘 활용하여야 한다. 사회봉사활동에 참여를 원하는 사람이면 누구나 활동을 할 수 있고, 개인의 다양한 개성과 능력을 충분히 발휘할 수 있도록 해야 한다. 특히 사회봉사에 참여하는 사람들은 조직운영에 있어서 민주적인 절차와 방식에 따라 사회봉사활동이 전개되어야 한다.

3) 사회봉사의 목적성

사회봉사는 활동 자체가 목적이 되어야 한다. 결코 다른 목적을 달성하기 위한 수단이 되어서는 안 된다. 즉, 사회봉사활동이 특정 개인이나 단체의 이익, 종교 및 정당 등의 목적을 위한 수단으로 이용되어서는 안 된다.

NOTE

4) 동기부여의 원칙

왜 사회봉사를 하고자 하는가? 사회봉사자들은 보수를 원하지 않지만 사회봉사활동을 통하여 무언가를 얻으려고 한다. 사회봉사를 통하여 얻으려고 하는 것은 사회봉사의 참여 동기에 따라 다를 수 있다. 라틴어의 움직인다(movere)는 어원을 가진 동기(motivation)란 인간이 일정한 행동을 하도록 움직이게 하는 근원이 된다. 사회봉사의 동기란 사회봉사활동에 참여할 수 있는 행동을 제공하고 이를 지속시킬 수 있도록 하는 힘을 말한다.

일반적으로 사람들이 사회봉사에 참여하는 다양한 동기들을 간략하게 요약해 보면 다음과 같다(김범수 외, 2001, 류기형 외, 2001).

- 사회활동에 참여하고 싶어서
- 필요를 느꼈기 때문에
- 직업을 얻을 수 있는 경력을 쌓기 위하여
- 새로운 친구를 사귀고 싶어서
- 지역사회 문제들에 대한 지식을 얻고 싶어서
- 삶의 질을 높이고 자기 성찰을 위하여
- 소속감을 느끼고 싶어서
- 남을 돕고 싶어서
- 자신의 능력을 시험해 보고 싶어서
- 알고 있는 기술을 나눠주기 위해
- 시민으로서 의무를 다하기 위해
- 인정받기 위해
- 일상에서 벗어나가 위해
- 종교적 이유 때문에

- 성적 등에 반영되기 때문에
- 승진점수를 높이기 위해서

이상과 같은 사회봉사의 참여 동기는 제도적인 동기부여방법과 자발적인 참여 동기로 구분할 수 있다. 제도적인 동기부여방법은 사회 · 환경적인 것으로서 중 · 고생들의 사회봉사의 의무화, 대학생의 사회봉사, 사회봉사과목의 개설 및 학점취득을 위한 활동, 기업체의 승진조건에 사회봉사경력을 인정하는 것 등을 말한다(김범수 외, 2001). 자발적인 참여 동기는 이타적 동기나 사회적 책임의 동기에서 여가선용, 자기발전, 새로운 경험과 전문적인 지식의 활용 등 개인의 경험적 중심의 동기에 이르기까지 다양하다.

사회봉사활동을 행함에 있어서 중요한 것은 지속적인 활동의 전개이다. 사회봉사자는 자신의 사회봉사활동에 대한 동기가 무엇인지를 명확히 파악하여야 하며, 자신의 봉사활동이 단순한 경험적 동기보다는 사회적 발전의 동기로 전환하여 활동을 전개하는 것이 바람직하다. 즉 사회 연대적 책임이라는 차원에서 어려운 일을 해낸다는 자부심과 함께 사회발전에 기여한다는 마음가짐이 중요하다. 왜냐하면 사회적 발전의 동기가 개인의 경험적 동기에서 시작한 사회봉사활동보다 중간에 포기하는 사람도 적을 뿐더러 지속적으로 활동할 수 있게 하기 때문이다(강철희 외, 2000).

5) 수용의 원칙

수용(acceptance)이란 인간의 타고난 존엄성과 개인적 가치를 현재 있는 그대로 편견 없이 지각하고 받아들이는 것을 뜻

NOTE

NOTE

한다. 사회봉사활동에서의 수용이란 정중함, 인내심 그리고 경청하려는 의지로서 봉사대상자의 잘못을 추궁하거나 비판하지 않는 것을 말한다.

사회봉사자는 신념, 문화, 가치관, 경제적 지위 등의 차이로 발생되는 편견과 선입견의 경향을 의도적으로 자각하고 이로부터 탈피하여 자유로워지려는 노력이 필요하다. 수용은 봉사대상자와 사회봉사자 간에 긍정적인 관계를 수립하고 유지하는데 도움이 된다. 그러나 무조건적인 수용과 동의(agreement)와는 구별해야 한다. 수용은 남과 다를 수 있다는 것을 받아들이는 자세이다. 무조건적인 수용과 무차별적인 동의는 진정한 의미에서의 수용이라고 보기 어렵다. 예를 들어 봉사대상자가 사회적으로 문제가 되는 행동을 하고 있음에도 불구하고 사회봉사자가 그런 행동을 허용한다면, 결국 봉사대상자에게 도움이 되기보다는 더 큰 문제를 야기시킬 수 있다. 따라서 인간과 그의 사고, 그의 감정을 수용하는 것과 사회적 문제가 되는 봉사대상자들의 행동을 받아들이는 것 사이에는 명확한 구별이 필요하다(엄명용, 2000).

3 사회봉사자의 역할과 기본자세

1) 사회봉사자의 역할

사회봉사자들이 담당하게 되는 역할은 시대에 따라 그리고 조직 및 기관의 성격에 따라 다르기 때문에 그 역할을 명확하게 규정하기란 어렵다. 그러나 미국 「사회사업백과사전」에 나타난 사회봉사자들의 역할을 살펴보면 다음이 제시되어 있다(김영호, 2002).

① 치료적 또는 재활적 서비스를 필요로 하는 조건들이나 문제들을 확인하는 역할
② 정책을 결정하는 역할
③ 직접적인 서비스를 제공하는 역할
④ 기금을 조성하는 역할
⑤ 조직 및 기관의 대변인으로서 프로그램과 그들이 지향하는 문제들을 설명하는 역할
⑥ 프로그램에 대한 지역사회의 반응을 보고하고 평가하는 역할
⑦ 지역사회계획에 협력하는 역할
⑧ 새로운 서비스 전달체계를 개발하는 역할
⑨ 빈민과 불우한 계층의 권익을 대변하는 역할
⑩ 공적인 항의와 공적 활동을 하는 역할

이를 바탕으로 사회봉사자의 역할을 네 가지로 정리해 보면 ① 사회문제 및 욕구의 발견과 더불어 사회문제를 예방 · 치료하는 문제예방 · 치료자로서의 역할 ② 대변자 · 매개자로서의 역할 ③ 바람직한 방향으로 사회가 변화될 수 있도록 제도적 · 구조적 개혁을 주장하는 개혁자로서의 역할 ④ 서비스의 질적 효과를 측정 · 평가하여 서비스의 개선을 제안하는 비판자로서의 역할로 구분될 수 있다. 이처럼 사회봉사자는 사회를 유지 · 발전시키는 데 있어서 중요한 역할을 담당하고 있다.

NOTE

NOTE

2) 사회봉사자의 기본자세 및 태도

사회봉사자가 맡은 바 역할을 제대로 수행하려면 어떠한 자세와 마음가짐으로 사회봉사에 임해야 하는가? 사회봉사자가 지녀야 할 기본자세 및 태도를 살펴보면 다음의 3가지로 나누어 정리해 볼 수 있다(강철희 외, 2000, 류기형 외, 2001, 양창삼, 1997, 조휘일, 1997).

(1) 봉사대상자와의 관계형성에서 필요한 기본자세와 태도

사회봉사는 사회봉사자와 봉사대상자, 기관 직원, 그리고 활동내용이라는 네 가지 요소와 이들 사이의 관계형성이 활동의 토대가 된다. 활동내용을 제외한 세 가지 요소가 인간이므로 타인과의 관계형성은 매우 중요하며, 이는 봉사활동에 대한 만족도나 지속여부를 결정한다고 해도 과언이 아니다.

인간관계를 맺을 때 전제되어야 할 중요한 사항은 자기 자신에 대한 이해이다. 자기 자신에 대한 이해는 있는 그대로의 자신을 아는 것이다. 자신의 성장배경 및 성격, 취미, 특기, 경험, 능력 등 자신이 지니고 있는 그대로의 모습을 객관적으로 볼 수 있는 자기 성찰의 과정이 필요하다. 이러한 과정을 거쳐야 자기 확신을 가질 수 있고 자신의 견해를 피력할 수 있다.

다음으로 인간관계에 있어서 중요한 것은 봉사대상자와의 관계형성이다. 사회봉사활동을 효과적으로 수행하기 위해서는 우선 봉사대상자에 대해 열린 마음을 가져야 한다. 열린 마음에서 중요한 것은 겸손한 자세이다. 사회봉사활동의 대상자는 대부분 사회적 약자이다. 봉사대상자들은 대부분 거듭되는 좌절과 복합적인 생활의 어려움으로 인해 사회봉사자가 생각하는 것 이상으로 감당하기 어려운 성격이나 어떠한 현상에 대한 견해가 크게 다를 수 있다. 그러나 이러한 봉사대상자들에 대한 이해가 부족하면 자칫 거만한 태도로 이들을 대하게 되어 바람직한 관계형성이 불가능하며, 자신은 물론 봉사대상자나 기관에 크게 누를 끼칠 수 있다.

따라서 사회봉사자는 봉사대상자와의 원만한 관계형성을 위해서 봉사대상자가 처한 환경을 이해하고, 다양한 견해에 대해 순수하게 귀를 기울이는 겸손한 자세를 가져야 한다. 또한 진실한 관계형성을 위해서 내면적 따뜻함에서 우러나오는 온정과 친절로 상대방의 대하도록 노력하고 대상자 특색에 따라 접근하는 방법과 기술을 익혀야 한다.

(2) 봉사활동 기관과의 관계형성에서 필요한 기본자세와 태도

사회봉사는 사회봉사자가 개인적으로 봉사대상자를 찾아가 활동하는 경우도 있지만, 기관이 봉사대상자를 연계해 주거나 기관 자체가 봉사대상이 되는 경우도 많다. 개인적인 봉사활동이나 기관이 봉사대상자를 연계해 줄 때는 기관보다는 봉사대상자와의 관계에 중점을 두게 되지만, 기관이 봉사대상이 될 때는 다음과 같이 기본적으로 기관과의 관계형성에서 필요한 자세와 요구되는 사항을 지켜야 한다(강철희 외, 2000).

첫째, 봉사활동 기관과의 관계에서 우선 필요한 것은 기관의 조직이나 현황에 대해서 정확하게 알려고 하는 자세가 필요하다. 즉 사회봉사자는 자신이 봉사하는 기관에 대해서 기관의 목적, 사업내용, 프로그램의 특성, 재정상태, 직원상태 등 기본

NOTE

NOTE

적인 사항을 파악하고 있어야 한다. 기관에 대한 전반적인 파악은 자신이 하고자 하는 봉사활동이 기관의 목적과 부합되는지, 어떠한 봉사활동이 필요한지를 판단하게 해준다. 또한 기관의 조직과 직원의 업무 파악은 사회봉사자가 봉사활동을 전개함에 있어서 부딪치는 어려움에 대해 적절한 조언과 도움을 받을 수 있고, 기관의 설비나 장비에 대해 파악하는 것은 봉사활동을 효율적으로 전개하는데 도움이 된다.

둘째, 사회봉사자는 자신의 봉사활동에 대하여 기관과 명확하게 계약을 할 필요가 있다. 사회봉사자와 기관과의 봉사활동 계약은 양측 모두에게 중요하다. 계약으로 인해 기관에서는 계획된 업무를 진행할 수 있을 뿐만 아니라 사회봉사자를 적절하게 배치할 수 있어 일의 효율성을 높일 수 있다. 사회봉사자는 기관과의 약속을 통하여 활동의 내용과 중요성을 명확하게 인식할 수 있고, 무엇보다도 책임감을 갖고 활동에 임할 수 있다. 또한 전문적인 활동기술을 습득할 수 있는 계기가 된다.

셋째, 어렵고 힘든 일들을 긍정적이고 협력적인 태도로 극복해야 한다. 기관이나 단체에서 일을 하다보면 업무내용이 기대에 어긋나거나 기관 직원의 일과 비교해서 자신의 일이 하찮고 불만스럽게 느껴지는 경우가 있다. 따라서 지나친 경쟁의식이나 비교와 기대를 줄이고 협력적인 자세를 취하도록 노력한다.

넷째, 기관과의 원만한 관계형성을 위해 정해진 수칙을 준수해야 한다. 공손한 언어를 사용하고 검소하고 단정한 옷차림과 몸가짐을 하며, 기관의 업무에 관련된 비밀을 지키는 것도 중요하다. 또한 사회봉사자들에게 제공되는 교육 및 훈련과정 등에 성실히 참여하는 것도 기관의 수칙을 지키는 일이다.

(3) 봉사활동 실무에 필요한 기본자세와 태도

NOTE

사회봉사자가 실제로 봉사활동을 하게 되면 다음과 같이 실무에 임하는 보다 구체적인 기본자세를 갖추는 것이 중요하다(김영호 외, 2002).

① 자신이 관심 있는 일, 주변에 가까이 있는 일부터 시작한다.

사회봉사는 사회봉사자 자신이 잘할 수 있고 관심 있는 분야에서부터 시작한다. 그래야만 흥미를 가지고 자신도 즐기면서 활동에 임할 수 있고 지속적으로 행할 수 있다. 또한 사회봉사활동은 가능하면 자신의 생활 근거지에서 그다지 멀리 떨어져 있지 않은 주변의 일들, 자기 주변의 사람들을 대상으로 시작하는 것이 좋다. 왜냐하면 사회봉사는 이웃과의 관계에서 출발하기 때문이다. 자신이 생활하고 있는 지역의 모습이며 문제 등을 접하게 됨으로써 보다 지역사회를 구체적으로 이해할 수 있는 계기가 된다. 뿐만 아니라 봉사활동을 행하는 과정에 예기치 못한 긴급한 사정이 생겼을 경우 적절히 대응할 수 있으며 이동하는데 소요되는 시간과 비용을 최소화 할 수 있다.

② 상대방이 필요로 하는 활동을 신속하고 확실하게 수행한다.

사회봉사자는 선의로 활동에 임하지만 사회봉사활동 모두가 봉사대상자에게 도움이 되는 것은 아니다. 때때로 봉사대상자가 원하지 않는 활동내용으로 인해 본의 아니게 봉사대상자를 귀찮게 한다거나 힘들게 만들 수도 있다. 이러한 결과는 봉사대상자의 문제가 무엇이고 필요로 하는 도움이 무엇인가를 사전에 확실히 파악하지 못하고 자신의 생각대로 활동한 데서 기인한다. 따라서 사회봉사자는 봉사활동을 시작하기 전에 대상

NOTE

자와 충분한 대화를 통하여 어떠한 도움이 필요한가를 알아두는 것이 중요하다.

③ 겸손한 태도로 상대방을 자신과 동등한 입장에서 이해하고 공감한다.

사회봉사자는 봉사대상자를 동정하기보다는 공감하고 이해하려는 마음가짐을 가져야 한다. 지나친 동정은 상대방에게 굴욕감과 상처를 안겨 줄 수 있고, 자칫 잘못 행동하면 사회봉사자 자신도 자만심에 빠지기 쉽다. 또한 봉사대상자를 대함에 있어 사회봉사자는 우월감을 느끼거나 칭찬을 받기 위해 사회봉사를 하는 것이 아니기 때문에 칭찬을 기대하는 타성에 젖지 않도록 항상 유의해야 한다. 특히 계속적으로 봉사활동에 참가하다보면 주위의 사람들로부터 당연한 활동으로 인식되어 자신의 헌신적인 봉사활동에 회의를 느껴 지속적인 활동을 수행하는데 저해요인으로 작용하게 된다.

④ 책임있고 신뢰받는 활동이 되어야 한다.

사회봉사는 타인의 강요나 억압에 의해서 행하는 것이 아니라 자신의 자발적인 의지에서 비롯된 자유로운 활동이다. 그렇다고 해서 사회봉사 시간에 적당히 일하고 자신의 상황에 따라 마음대로 계획을 변경해서 행동하는 것이 허용됨을 의미하지는 않는다.

사회봉사활동은 사회봉사자와 봉사대상자(타인 혹은 기관)와의 사회적 약속이자 신뢰이다. 약속을 이행한다는 전제 하에서 봉사대상자는 중요한 일들을 사회봉사자에게 의지하고 맡기게 된다. 따라서 약속이행은 사회봉사활동의 필수조건이다. 만약 약속을 지킬 수 없는 긴급한 상황이 발생했을 시에는 가능한

한 신속하게 봉사대상자에게 알려야 한다. 이런 경우를 대비해서 긴급히 연락할 수 있는 연락처와 자신의 활동을 대신해 줄 다른 사회봉사자의 연락처까지 알아두는 것이 좋다.

또한 지킬 수 없는 약속은 하지 않는 것이 좋다. 흔히 헤어질 때 아쉬운 감정 때문에 '다시 오겠다'는 등의 지키지 못할 약속을 하는 경우가 종종 있다. 사회봉사자는 헤어지는 인사의 표현으로서 했을지 몰라도 봉사대상자는 약속으로 받아들여 오랜 기다림 끝에 사회봉사에 대해 불신하는 마음이 생길 수도 있으니 조심해야 한다.

NOTE

⑤ 자신의 한계를 인식하고 봉사활동에 대한 업무의 한계를 명확히 한다.

기관에서 연계하여 봉사활동을 하게 되거나 기관의 사회봉사 프로그램에 참여하게 될 때는 업무의 성격이나 업무량 등을 정확하고 확실하게 전달 받는 것이 중요하다. 간혹 활동의 한계가 불분명하여 봉사대상자들 상호간에 갈등과 오해가 생기는 경우가 있다.

사회봉사활동에 대한 사전이해가 부족하거나, 활동내용이 자신의 기대와 다를 경우 사회봉사자는 가치관의 혼란에 빠지게 된다. 예를 들면 '봉사활동이 무엇인지, 구체적으로 어떤 차원의 일을 해야 하는 것인지 사전에 알았으면 봉사활동에 회의를 느끼지는 않았다', '봉사활동을 하는데 있어서 능력을 한계를 느껴 후회가 된다', '기관에서는 단순하고 똑같은 일만을 반복적으로 시켜 개인적으로 얻은 것이 없다.'라고 느끼는 경우이다. 따라서 사회봉사자는 활동을 하기 전에 자신의 한계 등을 설명하고, 업무의 내용과 의문사항은 즉시 질문하여 봉사활동에 대해서 정확히 이해하고 시작하는 것이 중요하다.

NOTE

⑥ 활동을 점검하고 기록한다.

사회봉사의 활동내용을 평가하고 보다 효과적인 활동을 전개하기 위해서는 활동의 점검과 기록이 필요하다. 기록은 정보를 보존하고, 봉사활동을 촉진시키며, 기관 직원이나 전문가들과의 의사소통을 보다 밀도있게 해 준다. 특히 활동에 어려움이 발생했을 때 적절한 도움과 조언을 얻을 수 있다. 또한 사회봉사에 대한 기록은 봉사자 자신의 반성자료로도 활용될 수 있으며, 무엇보다도 기록을 통하여 활동의 책임성을 높일 수 있다.

⑦ 끊임없이 배우고 학습하여 자신의 성장을 도모한다.

사회봉사자는 자신이 활동하는 분야에 대하여 지속적인 관심을 기울이고 필요한 지식 및 기술을 습득하도록 노력하여야 한다. 사회봉사자에게 주어지는 교육과 훈련이 있으면 빠짐없이 참가하고, 자신의 활동영역과 관련된 세미나, 워크숍, 특강 등에도 참석하여 자신이 가지고 있는 잠재력을 최대한 개발하도록 노력한다.

⑧ 활동을 시작하기 전에 가족과 직장의 이해와 협조를 얻는다.

사회봉사활동으로 인하여 가족이나 직장에 소홀해지기 쉽다. 사회봉사를 시작하기 전에 미리 가족이나 직장 사람들에게 양해와 협조를 구한다. 자신이 해야 할 의무마저 남에게 전가시키면서 사회봉사에 참여하는 것은 바람직하지 못한 자세이다. 사회봉사자는 활동에 앞서 먼저 자신에게 충실해야 한다. 특히 학생의 경우 수업시간과 사회봉사활동 시간이 겹쳐져, 사회봉사 때문에 결석을 했으니 출석으로 인정해 줄 것을 요구하는 등의 자세는 바람직하지 못하다.

⑨ 활동 중에 알게 된 비밀은 반드시 지킨다.

장기간 사회봉사활동을 하게 되면 봉사대상자의 사생활이나 비밀 그리고 기관의 업무나 단점을 알게 된다. 이러한 경우 비밀을 지켜주는 것이 사회봉사자의 도리이다. 봉사대상자의 사생활이나 기관의 중요한 비밀은 비밀보장의 원칙에 근거하여 보호받을 권리가 있다. 사회봉사자는 이 원칙에 따라 봉사대상자에게 활동 중에 나타난 진술, 비밀 등을 오용하지 않을 것이라는 확신을 주어야 한다(조휘일 · 이윤로, 2001). 활동과정에 드러난 정보의 내용이 반사회적이거나 불법적인 것이라면 관계 기관에 알려서 적법한 절차를 받아야 하지만 그 외의 일반적인 사항이라면 봉사대상자가 요구하지 않는 한 대상자의 동의 없이 누설해서는 안 된다.

⑩ 기관의 직원과 좋은 관계를 유지한다.

기관에서 사회봉사활동을 하게 되는 경우 기관 직원과의 관계는 중요하다. 기관에는 사업을 계획하고 시행하는 전문직원이 있다. 간혹 기관 직원과의 관계가 나빠져서 직원 및 기관뿐만 아니라 봉사자 자신도 피해와 상처를 받는 일이 있다.

사회봉사자가 기관 직원과의 관계에서 알아 두어야 할 사항은 다음과 같다(강철희 외, 2000).

첫째, 사회봉사자들은 자신의 봉사활동과 관련하여 활동의 시작부터 끝까지 기관 직원에게 보고하고, 맡겨진 일을 적극적으로 수행하는 자세를 보여 주어야 한다. 활동 중에 나타난 봉사대상자의 주요한 행동은 담당 직원에게 알려 줄 의무가 있다. 왜냐하면 직원은 대상자에 대해서 상세히 알고 있어야 하며 이는 봉사대상자에게 적절한 서비스를 제공하기 위해서 필요하기 때문이다.

NOTE

NOTE

둘째, 사회봉사자는 봉사대상자에게 서비스를 제공함에 있어서 직원과 다른 의견을 가질 수 있고, 또 의견 충돌이 생길 수도 있다. 이러한 경우에 직원에 대해 음성적인 불만을 표출하기보다는 건설적인 제안과 비판을 통하여 대상자에게 적절한 서비스가 제공되도록 노력하는 자세가 필요하다.

셋째, 기관 직원은 유급 전문직원으로서 사회봉사와 관련된 정보나 지식 · 기술을 많이 지니고 있다. 따라서 전문직원의 중요성을 인식하고, 사회봉사자로서의 위치를 지키는 것이 필요하다. 자신의 능력을 인정받는다 하더라도 항상 겸손한 자세를 유지하는 것이 중요하다.

〈사회봉사의 수칙〉

1. 일반수칙

- 인간은 인종, 종교, 직업, 연령, 사고방식 등을 초월하여 누구에게나 존엄성이 있으며, 누구나 무한한 가능성을 가지고 있는 존귀한 존재라는 신념을 갖는다.
- 사회봉사활동은 곧 나 자신을 돕는 나의 일이며, 이를 사회의 바람직한 운동으로 저 변 확대시킨다.
- 사회봉사활동은 일회성으로 끝나는 것이 아니라 지속적으로 꾸준히 활동하는 것이다.

2. 근무수칙

- 봉사활동에 임함에 있어서 항상 일관된 행동을 취하며 감정을 개입시키지 않는다.
- 가급적 낮고 정확한 음성으로 다정하게 상담에 임한다.

○ 상대방에게 신뢰감을 주고 친숙한 인간관계 형성에 노력한다.
○ 상대방에게 이야기 할 기회를 주고, 상대방의 이야기를 듣고 이해하는 입장이 된다.
○ 어떠한 상황에서도 놀라거나 비판하거나 지시하지 않는다.
○ 봉사 대상의 정보를 정확히 파악하여 실질적 혜택을 주고자 노력한다.
○ 봉사자가 해결할 수 없다고 판단되는 문제는 항상 사원봉사 관리담당직원과 의논하여 처리한다.
○ 봉사시간 교대는 정확하게 한다.
○ 항상 봉사활동을 점검하고 기록한다.

〈자원봉사자의 책임〉

1) Be sure. (확실히 하라)
2) Be convinced. (확신을 가져라)
3) Accept the rule. (규칙을 받아 들여라)
4) Speak up. (터놓고 말하라)
5) Be willing to learn. (기꺼이 배우려고 하라)
6) Keep on learning. (학습을 계속하라)
7) Welcome supervision. (지도감독을 환영하라)
8) Be dependable. (믿고 의지할 수 있게 하라)
9) Be a team player. (팀 플레이를 하라)

*출처 : 김영호 외(2002), 자원봉사의 이론과 실제, 창지사, p. 104.

NOTE

NOTE

4 사회봉사활동에 필요한 실천기술

종래의 사회봉사는 단순한 육체적 · 물질적 사회봉사가 대부분을 차지하였으나, 현대사회는 다양한 영역의 사람들을 대상으로 하고 있기 때문에 그에 따른 전문적 기술의 습득이 요구되고 있다. 사회봉사를 행할 때 단순한 정열, 애정 등의 주관적인 감정에 너무 의지하다보면 전문성이 결여되거나 자기만의 세계에 빠질 가능성이 높다. 사회봉사의 전문성, 객관성, 효율성을 높이기 위해서는 구체적인 기술과 기법을 익히는 것이 필요하다.

사회봉사활동에서 필요한 기술은 인간을 돕는 여러 가지 방법 및 기법을 효과적으로 활용함으로써 사회봉사자의 의도와 역할을 이해시키고 문제해결 과정에 봉사대상자를 참여시킬 수 있도록 유도하는 능력이다. 이러한 기술이 없으면 활동의 성과를 기대하기가 어렵다.

사회봉사활동의 실천기술의 요소에는 두 가지가 있다. 첫째는 사용할 방법을 선택하는 기술이고, 둘째는 실제로 그 방법을 사용하는 기술이다(김융일 외, 2000). 따라서 사회봉사자는 이 두 가지 요소를 상황에 맞게 적절히 선택하여 자유롭게 이용할 수 있어야 한다.

1) 기초적인 실천기술

사회봉사활동은 계획되고 의도적인 과정이다. 사회봉사활동에 필요한 기술은 결국 사회봉사자가 봉사대상자와 긴밀한 관계를 유지하면서 어느 정도 책임성 있게 기술을 효과적으로 활용할 수 있느냐의 문제로 요약할 수 있다. 즉 기술의 전제조건으로서 필요한 것은 봉사대상자와의 관계를 우호적으로 발전시키고 긍정적인 도움을 주기 위하여 사회봉사자는 자신을 적절하게 그리고 목적적으로 활용하는 것이 중요한 기술이다.

도움의 과정에서 필요한 기초적인 기술은 다음과 같다(강철희 외, 2000).

① 상대방을 있는 그대로 수용한다.

② 각 대상자를 독립적인 개인으로 대한다.

대상자의 문제가 어떤 성격을 띠는가와 상관 없이 대상자는 고유의 특별한 욕구, 열망, 장점과 약점을 가진 개인으로 대우하는 것을 말한다.

③ 자신이 모든 것을 해결하려고 하지 않는다.

④ 봉사대상자에게 자신의 주장을 강조하지 않고 객관적 정보를 제공한다.

⑤ 격려하고 칭찬한다.

봉사대상자는 개인적인 일에 대해 도움을 받는 것이 익숙하지 않을 수 있다. 특히 자신이 생각하는 민감한 문제(가족문제나 이성문제, 신체적 결함 등)에 대해서는 다른 사람에게 얘기하거나 상의해 본적이 없을 수도 있다. 사회봉사자 는 대상자가 이러한 문제를 얘기하는 것이 고통스러운 과정이라는 것을 이해하고 대상자가 솔직하게 표현할 수 있도록 격려한다.

2) 관찰 기술

사회봉사활동에 있어서 중요한 기술 중의 하나는 과학적인

NOTE

NOTE

관찰의 기술이다. 관찰은 단순히 보는 것이 아니다. 대부분의 사람들은 의식·무의식적인 편견에 의해서 타인이나 사회적 상황을 선택적으로 관찰하는 경향이 있다. 따라서 관찰 기술을 습득하고자 할 때는 다음과 같은 근본적인 목표가 필요하다.

첫째, 무엇보다도 사회봉사자 자신이 타인에 대해 느끼는 선입견·편견을 인식하는 것이 중요하다.

둘째, 비언어적인 표현 즉 표정, 자세 등 신체적 동작을 유심히 살펴보아야 한다. 사회봉사자는 대상자의 신체적 표현에 민감해야 대상자의 진술의 타당성을 확인할 수 있고 적절한 도움을 줄 수 있다.

셋째, 관찰은 무엇을 보아야 할 것인가를 선택해야 한다. 왜냐하면 모든 것을 관찰하는 것은 거의 불가능하기 때문에 사회봉사자는 무엇을 관찰해야 할 것인가를 계속해서 결정해야만 한다(김융일, 2000).

사회봉사자는 봉사대상자의 다음과 같은 표현에 유의하여 관찰하여야 한다(조휘일·이윤로, 2001).

① 신체적 언어 : 대상자의 앉아 있는 모습, 얼굴표현(얼굴이 경직되거나 흥분, 초초해 한다), 목소리의 색조 변화, 손가락으로 탁자를 치거나 손톱을 깨물며 불안해 하는 행동 등 이 무엇을 전달하는지를 파악한다.

② 처음 시작하는 말과 끝맺음 하는 말의 내용 : 이것은 봉사대상자가 자신의 자아나 환경에 대해 어떤 생각과 태도를 가지고 있는지를 암시해 주기 때문에 중요하다.

③ 화제의 이동 : 대화 도중에 어떤 주제에 대해 침묵하거나 화제를 바꾸는 경우는 그 주제 에 대해 이야기 하고 싶지 않거나 고통스럽다는 것을 의미하므로 그 이유를 나중에라도 알아 낼 필요가 있다.

④ 반복적인 주제의 제시 : 봉사대상자가 계속해서 동일한 주제를 제시하는 경우는 봉사대상자 에게 매우 중요한 문제이거나 도움을 받기 원하는 문제이다.

⑤ 불일치 : 대상자와의 대화에서 진술이 일치하지 않는 것은 대상자 자신에게 위협적인 것 이거나 공개하고 싶지 않다는 것을 시사한다.

NOTE

3) 면접 기술

(1) 면접의 요건

면접 기술은 사회봉사활동 실천에 있어서 중요한 원조기술이며, 면접을 제외한 사회봉사실천은 있을 수 없다고 해도 과언이 아니다. 사회봉사활동이 봉사대상자와의 대인적 원조관계를 매개로 해서 전개되는 이상 이러한 관계를 효과적으로 발전시키기 위해서는 면접의 기술이 필요하다. 면접은 언어를 매개로 한 관계의 전개이다. 따라서 면접은 상대방의 말의 의미뿐 아니라 이야기 하지 않는 것에도 주의를 기울여야 한다. 효과적인 면접을 위해서는 공간이라는 물리적 환경, 시간, 비밀보장과 같은 구체적 요건을 필요로 한다.

① 물리적 환경

면접은 이루어지는 장소에 따라 전체적인 인상이 큰 영향을 받는다. 사회봉사자는 봉사대상자와 처음으로 면담을 하게 되면 부담스럽고 긴장하게 된다. 이러한 어색한 분위기를 최소화할 수 있는 방법이 물리적 환경을 고려하는 것이다. 면접의 물리적 환경은 안락하고 편안한 분위기를 가지는 것이 중요하다.

NOTE

면접에 임하는 사회봉사자가 다른 일로 분주하거나 면접장소가 시끄러우면 봉사대상자는 이야기 할 마음의 여유를 가지기 어렵다. 또한 면접 도중에 방해(전화나 방문객)를 받지 않도록 최대한 준비를 해야 한다. 면접이 주로 이루어지는 장소가 사무실이라면 대화가 잘 이루어지도록 의자와 책상 등 가구의 배열에 신경을 쓴다. 산만한 물건들은 나열하지 않는 것이 좋으며 방의 크기, 조명, 채광 등에도 유의하여 편안한 느낌으로 면접에 임할 수 있도록 배려한다.

② 면접시간

면접을 하기 위해 봉사대상자가 많이 기다려야 한다면 봉사대상자는 무시당하고 있다고 생각하기 쉽다. 약속에 의해 정해진 면접시간은 급한 사정이 없는 한 반드시 지켜야 한다. 첫 면접 이후의 면접시간은 봉사대상자와 의논하여 정하는 것이 바람직하다. 면접시간 약속을 위해서 사회봉사자가 면접을 위해 할애할 수 있는 시간을 제시하여 그 중에서 봉사대상자가 이용하기에 편리한 시간을 선택하게 한다. 이러한 봉사대상자의 자기결정방법은 면접이 봉사대상자 자신의 필요에 의해 이루어지고 있음을 인식시켜 줄 뿐만 아니라 그로 하여금 적극적인 참여의 동기와 책임감을 부여할 수 있는 장점이 있다.

면접시간은 어느 정도로 하는 것이 좋을까? 면접에 소요되는 시간은 면접의 목적에 따라 다르기 때문에 적절한 시간을 제시하는 것은 어려운 일이다. 그러나 일반적으로 면접시간은 1시간 이내로 하는 것이 바람직하다. 면접시간은 봉사대상자의 주의집중력, 의사소통 능력, 문제 상황의 정도 등에 따라 조정될 수 있지만, 시간을 제한함으로서 봉사대상자에게 하고 싶은 이야기를 사전에 생각하고 정리할 수 있게 해 준다.

③ 면접내용의 비밀보장

효과적인 면접을 위해서 사회봉사자는 봉사대상자의 비밀을 반드시 지켜야 하며 봉사대상자에게도 비밀보장의 책임을 확인시켜 주어야 한다. 왜냐하면 봉사대상자가 자신과 관련된 정보를 노출하거나 악용하지 않는다는 확신이 있어야 자신의 상황을 왜곡하지 않고, 솔직하게 속마음을 밝힐 수 있기 때문이다.

사회봉사실천 과정에서 알게 되는 봉사대상자의 비밀은 흔히 있을 수 있는 작은 생활 사건들이 대부분인 경우가 많다. 그러나 봉사대상자와 관련된 사소한 생활사건이라도 봉사대상자가 동의하지 않는 한 사회봉사자는 그러한 사실을 누설해서는 안 된다.

(2) 구체적인 면접 방법

면접이 효과적으로 되기 위해서는 경청, 질문기술, 요약과 해석하는 기술 등이 필요하다. 사회봉사자는 자기 나름대로의 면접방법을 개발해 나가야 한다.

① 경청

경청이란 단순한 듣기가 아니라 상대방의 사고와 감정을 이해하기 위한 적극적인 청취활동이다. 주의 깊고 정중한 경청은 상대를 이해하기 위한 가장 중요한 활동이다. 봉사대상자는 사회봉사자가 자기 말을 얼마나 성의 있고 열심히 경청하는가에 따라 마음을 열게 된다. 경청은 사회봉사자가 봉사대상자에 대한 성급한 판단이나 평가를 내릴 위험을 예방해 주고, 급하게 문제를 해결하려는 경향을 막아 줄 수 있다.

사회봉사자는 경청을 하는데 있어서 몇 가지 주의해야 할 사

NOTE

NOTE

향이 있다(엄명용 외, 2000, 전재일 외, 2001).

첫째, 침묵을 다루는 방법이다. 면접에서 침묵은 몇 가지 의미가 있다. 한 가지는 대화를 하는 도중 감정이 격해져서 이를 다스리기 위해 잠시 침묵하는 것이고, 다른 한 가지는 봉사대상자가 자기 생각을 정리하여 표현하기 위하여 침묵하는 것이다. 경우에 따라서는 정말 할 말이 없어서 침묵할 수도 있다. 흔히 사회봉사자는 면접 중에 봉사대상자가 침묵하면 당혹감과 함께 부담스러워 한다. 자신의 면접기술이 서투르거나 실수를 해서 봉사대상자가 침묵하는 것으로 오해하여 말을 재촉하거나 사회봉사자 자신이 말을 서두르게 된다. 이러한 실수를 줄이기 위해서 사회봉사자는 침묵을 분별할 줄 알아야 한다. 침묵을 분별하는데 가장 좋은 방법은 침착하고 개방적인 마음으로 봉사대상자의 말을 주의 깊게 경청하는 것이다.

둘째는 면접시 봉사대상자가 이야기 하는 모든 것을 무조건 경청하는 것보다는 봉사대상자의 문제를 이해하고 돕는데 필요한 이야기를 보다 주의깊게 경청해야 한다.

셋째는 면접을 하다보면 간혹 봉사대상자의 잘못된 행동이나 결점은 지적하여 충고를 해야 한다고 생각하는 경우가 간혹 있다. 그러나 훌륭한 경청자라면 봉사대상자를 충고하는 것이 아니라 그의 심정 그대로를 들어주고 이해하는 것이 중요하다.

② 질문 기술

질문은 사회봉사자가 필요한 정보를 얻을 수 있게 해주고 적절한 소재를 이야기 하도록 봉사대상자를 격려하는데 사용되는 기법이다. 또한 질문은 어긋나고 있는 대화의 초점을 바로 잡기 위해서도 필요하다. 질문을 너무 많이 하면 봉사대상자는 혼란과 부담을 느끼게 되고 너무 적게 하면 면접의 부담감을 줄 수 있다. 봉사대상자로부터 많은 정보를 얻기 위해서는 어떻게 질문하느냐가 중요하다.

질문방식에는 개방형 질문과 폐쇄형 질문이 있다.

NOTE

가. 개방형 질문

개방형 질문은 봉사대상자에게 가능한 한 다양한 답을 선택할 책임과 기회를 주는 것이다. 일반적으로 폐쇄형 질문보다 개방형 질문이 더 많은 정보를 알려준다. 즉 개방형 질문방식은 봉사대상자의 문제나 욕구를 훨씬 잘 이해할 수 있게 한다. 예를 들면 "하루 일과에 대해 말씀해 주시겠습니까?", 혹은 "아이가 가출했을 때 심정이 어떠셨어요?", "어떤 서비스가 필요하신지 말씀해 주시겠습니까?"라는 식의 질문 방식이다.

구체적으로 개방형 질문은 다음과 같은 상황에서 자주 사용된다(김정진, 2004).

- 세션을 시작할 때
- 문제에 대해 질문할 때
- 행동에 대한 구체적인 예를 요청할 때
- 갑작스런 대상자의 변화에 대해 지적하거나 대상자의 느낌을 정확하게 파악하지 못했 을 때
- 대화의 초점이 빗나가서 바로 잡고자 할 때
- 문제해결을 위한 유용한 대안들을 이야기 할 때
- 각 대안에 대한 의견을 물을 때
- 대상자가 내린 결정에 대한 만족의 정도를 물을 때 등이다.

다음은 개방형 질문을 사용할 때 유의해야 할 점이다(엄명용 외, 2000).

- '왜' 로 시작하는 질문은 되도록 피한다. "왜 아직 취업을

NOTE

못했어요?", "왜 가만히 있었어요?" 등의 '왜'로 시작하는 질문은 자칫 잘못하면 봉사대상자를 힐책하는 것 같은 뉘앙스를 주기 때문에 봉사대상자는 무의식 중에 자기행동을 정당화 시키려고 방어적인 태도를 취하게 된다.

- 유도형 질문은 봉사대상자의 대답을 사회봉사자가 의도한 방향으로 이끌어 갈 위험성이 있기 때문에 주의한다.
- 한꺼번에 여러 가지 질문을 하는 중첩형 질문은 질문의 초점을 흐리게 하여 중요한 정보를 빠뜨릴 수 있기 때문에 피하는 것이 좋다.

나. 폐쇄형 질문

폐쇄형 질문은 '예' '아니오' 등의 간단한 대답을 얻고자 하는 것으로서 봉사대상자의 구체적인 사실에 초점을 두어 대답할 수 있는 선택의 범위를 제한하는 질문 방식을 말한다. 예를 들어 "노인요양시설에 입소하실 건가요?", "생활비가 필요하신거죠?"라는 식으로 질문하는 것이다. 봉사대상자의 감정이나 생각을 정확히 파악하기 위해서는 개방형 질문이 바람직하지만 항상 그런 것만은 아니다. 대화하기가 곤란한 상황에 처해 있거나 질문에 대하여 대답할 수 있는 능력이 부족한 사람에게는 개방형 질문이 두렵고 위협적일 수 있다.

따라서 질문은 봉사대상자의 성향이나 능력, 그리고 처해진 상황과 질문사항 등을 고려하여 개방형 질문과 폐쇄형 질문을 적절히 분배해서 사용하는 것이 효과적이다.

③ 요약과 해석하는 기술

요약은 봉사대상자의 생각이나 감정, 행동 등을 정리하는 것으로서 봉사대상자에게는 면접 동안 주의 깊게 경청하고 있었음을 보여주고, 사회봉사자는 봉사대상자가 한 말을 전체적으로 올바르게 이해하고 있는지를 확인하는 효과가 있다.

해석은 봉사대상자가 자신의 문제를 새로운 각도에서 이해할 수 있도록 행동의 의미를 설명하는 것이다. 해석은 요약과 달리 봉사대상자가 미처 의식하지 못하고 있는 부분까지 드러내어 문제를 이해할 수 있도록 돕는 방법이다. 사회봉사자는 봉사대상자의 면접과 행동을 통해 제시된 근거를 가지고 해석을 해야 하며 상호간에 신뢰관계가 형성된 후에 하는 것이 바람직하다.

NOTE

제4장

사회봉사의 대상과 분야에 따른 활동지침

C·H·A·P·T·E·R·F·O·U·R

1. 서론
2. 아동의 특성과 사회봉사활동지침
3. 청소년의 특성과 사회봉사활동지침
4. 노인의 특성과 사회봉사활동지침
5. 장애인의 특성과 사회봉사활동지침
6. 정신장애인의 특성과 사회봉사활동지침
7. 시민단체의 특성과 사회봉사활동지침
8. 국제협력분야에서의 해외봉사활동지침

1 서론

NOTE

사람은 혼자 살아갈 수 없다. 사람이 사람다워지기 위해서는 다른 사람과 관계 속에서 살아야 한다. 그래야만 삶의 의미를 찾을 수 있고, 소외되지 않는 삶을 살 수 있다. 이처럼 더불어 사는 의미를 더욱 보람차게 하는 중요한 활동 중 하나가 바로 사회봉사이다. 우리는 사회봉사를 통해서 자신이 이 사회에 필요하고 유익한 존재임을 경험한다. 이를 통해서 함께 살아가는 기쁨을 만끽하고 사회 성원에서 낙오되는 것을 예방할 수 있다.

사회봉사는 나 자신보다 사회와 공공의 이익을 우선하는 봉사활동이다. 사회봉사는 사람들의 관계를 풍요롭게 하며 나아가 개개인의 행복한 삶을 추구하는 데 큰 도움을 준다. 따라서 사회봉사는 함께 살아가는 민주 시민으로서의 중요한 책임인 동시에 권리이다.

이러한 사회봉사는 사회복지분야에서 뿐만 아니라 정치 · 경제 · 교육 등의 분야에 걸쳐 이루어진다. 그런데 사회봉사는 봉사하려는 따뜻한 마음과 선한 행동이 우선되어야 한다. 그러나 점점 복잡해지는 인간관계와 사회적 조건 아래에서 사회봉사는 그것만으로 충분하지 않다. 사회봉사를 하려는 장소와 시기 그리고 대상에 대한 많은 지식과 이해를 갖고 있어야 적합한 사회봉사활동이 될 수 있다. 우리 사회에는 여러 가지 모습으로 생활하고 있는 사람들이 있으며, 그들의 연령이나 처해 있는 환경이 많이 다르다. 따라서 아동, 청소년, 노인, 장애인 등 연령이나 정신과 신체적 조건과 처해 있는 형편에 알맞은 도움

NOTE

을 주어야 올바른 사회봉사활동이 될 수 있다. 그렇기 때문에 사회봉사를 하는데 있어 다양한 연령계층과 대상 그리고 사회분야와 환경에 대한 지식과 이해가 있어야만 보다 효과적인 사회봉사를 할 수 있을 것이다.

여기서는 사회봉사가 필요한 사람과 장소를 어떻게 이해해야 하며 그에 따른 봉사활동은 어떤 모습이여야 하는지에 대한 소개를 통해서, 더욱 나은 사회봉사를 하는데 도움이 되고자 한다. 더욱이 이러한 탐구는 사회봉사가 단순히 남을 위한 봉사를 넘어서 다른 사람과 사회현상 등을 알아 궁극적으로 자기봉사로 이어져야 하는 점에서 더 큰 의의를 가질 수 있다. 이 장을 통해서 사회봉사의 대상과 분야에 대한 이해를 하게 되어 올바른 사회봉사의 지식과 태도를 갖춤으로써 진정한 봉사의식을 갖는데 도움이 되기를 바란다.

2 아동의 특성과 사회봉사활동지침

아동과 청소년을 구분할 수 있는 큰 특징 중의 하나는, 아동기는 끊임없는 부모와 사회로부터의 보호와 지원이 필요한 시기라는 것이다. 아동이 자신의 삶에 무엇을 채울 것인지에 대한 책임은 전적으로 어른과 사회가 갖고 있다. 아동은 건강하게 양육되고, 올바른 교육을 받아야 하며, 즐거운 삶을 충분히 누려야 한다. 결국 아동을 위한 사회봉사는 부모와 사회로부터 갖가지 이유로 소외될 수밖에 없는 아동에 대한 지속적이고 바람직한 관심과 지원이 핵심이 된다.

이러한 아동기는 생애 전체에 있어 결정적인 발달과 성장이 각 부문에서 일어나는 시기이다. 그 중 중요한 특성이 무엇이며 이들을 위한 사회봉사는 어떻게 이루어져야 하는지를 살펴본다.

NOTE

1) 아동의 특성

아동복지법에 따르면 18세 미만을 아동으로 규정한다. 그러나 발달론적인 관점에서 아동기는 세상에 갓 태어난 신생아에서 걷기 시작하려는 영아, 초등학교 입학 이전의 유아, 초등 학령기에 속하는 아동에 해당하는 연령층이라고 볼 수 있다. 중등 학령기에 속하는 연령층은 일반적으로 아동과는 구별되는 특성을 나타냄으로 청소년으로 분리할 수 있다.

고대에는 성인중심적인 사고와 높은 영아사망률 등을 이유로 아동은 단지 성인의 축소판으로 취급되었을 뿐이다. 아동 본성과 특성에 대한 관심은 성악설과 성선설에서 비롯되었으며, 로크의 백지설, 루소의 자연주의 사상으로 본격화되었다. 여러 학자들의 꾸준한 연구에 의해 현재에는 아동은 아동만의 독특한 사고와 의식을 갖는 독립된 존재로 간주되고, 전생애 발달 중 아동기의 중요성이 그 어느 단계보다도 강조되고 있다. 이에 따라 아동기에 해당하는 영아, 유아, 아동의 최적의 발달을 돕기 위한 가족과 사회의 지원과 교육에 대한 관심이 증대되고 있으며, 근래 들어 아동의 존엄성과 권리에 대한 인식이 확대되고 있다. 이러한 아동기의 일반적인 특성을 살펴보면 다음과 같다.

NOTE

(1) 의존성

사람은 의존성이 강한 존재이다. 영아기에는 스스로를 어머니와 분리해서 생각할 수 없을 만큼 강한 의존성을 갖고 있으며, 인지가 발달하고 신체적 성숙이 이루어지는 학령기에 접어들면서도 부모와 형제 그리고 또래 친구들과 적절한 의존관계를 유지한다.

사람은 누군가로부터 사랑받고 의존하고 있다는 감정을 느낄 때 행복할 수 있다. 특히 아동기에는 부모와의 강력한 애착형성이 건강한 성장과 발달을 이루어나가는데 중요한 요건이 된다. 기본적 신뢰감의 형성은 한 개인으로서 일생을 살아나가는 힘이 된다.

(2) 자율성

아동은 자유분방하다. 자기가 하고 싶은 대로 행동하려 하며, 이러한 특성을 바탕으로 세상을 탐험해 나간다. 아동은 시간이 흐를수록 활동 반경을 넓혀가며 더 구체적으로 생각하는 능력을 지니게 된다. 세상을 향한 아동의 자율성은 아동이 사회 속의 존재가 되며, 자기통제력을 발달시키는 원동력이 된다. 욕구충족을 위한 아동의 충동적이고 즉흥적인 태도에 성인들이 적절한 관심과 도움을 제공할 때 아동은 더욱 자율적이고 자기통제적인 성향을 키워나갈 수 있다.

(3) 적응

아동의 중요한 특성인 동시에 과제는 사람과의 관계와 환경에 적응하는 것이다. 사람은 기본적인 적응능력을 갖고 있지만, 혼자의 힘만으로 적응력을 키워내는 일은 불가능하다. 주변에서의 끊임없는 보호와 관심이 절대적으로 필요하다.

NOTE

(4) 창의성

인지능력이 생기는 아동기 초기에는 기발한 공상과 상상력을 가진다. 비록 그것이 자기의 생각 속에 머무르지만, 이렇게 거침없는 상상력은 아동기의 성숙을 통해서 긍정적인 창의성으로 연결된다.

아동기의 상상력을 어떻게 이해하고 지원하는가는 아동의 창의성을 키우는데 있어 핵심적인 요소일 뿐만 아니라 이후의 삶을 즐겁고 뜻있게 살아갈 수 있도록 하는 원동력이 된다.

(5) 집단 경험

초등학교에 입학하기 전부터 아동들은 부모로부터 점차 심리 · 정서적으로 분리되어 또래집단과 만난다. 아동은 또래 집단과 동일시하며 성장한다. 이 시기에 또래 집단에게 거부당한 아동은 따돌림과 정신적 문제 등 많은 부정적인 결과를 맺을 수 있다. 그러나 또래 집단과의 경험은 사적인 공간에서부터 시작하는 대인관계의 출발점이 되어 친구와의 우정을 형성할 수 있다. 그럼으로써 가정에서 부모와 경험할 수 없는 독특한 사회적 경험을 시작하게 된다.

NOTE

2) 아동을 위한 사회봉사지침

(1) 일반적 지침

① 모든 아동은 성별이나 처해 있는 환경과 여건에 관계없이 보호받아야 한다.

아동은 신체와 정신 모두 건강하게 발달할 수 있도록 도움을 받아야 한다. 따라서 아동은 그가 처한 환경과 조건에 대한 선입관과 편견을 최대한 배제된 상태에서 대해져야 한다. 모든 아동은 어떤 선택도 하지 않은 상태이다. 아동은 스스로 가난과 장애, 학대와 방임, 결손을 초래하지 않았다. 그럴 힘도 없었던 아동에게 어떤 조건과 상황 때문에 편견을 갖고 대해서는 안 된다.

② 아동을 위한 봉사는 교육적이어야 한다.

아동은 세상을 막 배워나가는 단계에 놓여져 있다. 아동기에 형성되는 생활양식은 아동의 일생을 구조화하는 바탕이 된다. 따라서 아동을 도울 때는 사회화 과정을 거치고 있는 아동에게 건전한 사회의 기본 질서와 바람직한 가치를 내재화시킬 수 있도록 본이 되어야 한다. 또한 사회적 규범이나 규칙을 위반하는 봉사자의 비교육적인 태도로 인하여 아동이 봉사자에 대해 불신감을 갖지 않도록 주의해야 한다. 예를 들어 길거리에 휴지를 버리는 행동은 바람직하지 않다고 교육받은 아동을 돕는 과정에서 봉사자가 무심코 거리에 오물을 버린다면, 당장에 대상아동이 반응하지 않을지 모르나 궁극적으로 돕는 사람과 행동에 대한 아동의 신뢰를 반감시킬 것이다.

NOTE

③ 아동을 대할 때는 말과 행동이 일치해야 한다는 사실을 잊지 말아야 한다.

아동기의 주요한 발달과업 중 하나가 신뢰감을 형성하는 일이다. 또한 아동들은 순진하다. 그들은 말과 행동이 일치된 생활을 한다. 따라서 아동을 돕는 일에 있어서 말 한마디에 주의를 기울여야 하는 이유는 곧 아동들은 말과 행동을 연결지어서 생각한다는데 있다. 만일 불가피하게 말과 행동이 일치하지 않는 일이 발생할 경우에는 아동에게 보다 상세히 설명하고 양해를 구해야 할 것이다.

④ 아동과 함께 하는 봉사는 재미있어야 한다.

아동을 위해서 그들과 함께 하는 봉사는 즐겁고 재미있어야 한다. 아동에게 사회에 대한 신뢰와 사회성을 발달시키기 위해서는 비록 아동이 경제적 · 신체적으로 어려운 입장에 처해 있더라도 드러내 놓고 동정심을 나타내기 보다는 재미있게 접근하는 방법을 택해야 한다. 아동의 놀이는 곧 생활이다. 재미있는 놀이는 아동의 삶을 풍요롭게 하며 아동에게 다양한 학습경험을 제공한다.

⑤ 아동을 즐겁고 편안하게 해주는 봉사여야 한다.

봉사활동의 대상이 되는 아동은 쉽게 표현은 안 하지만, 매우 예민한 상태가 될 수 있다. 이런 아동에게 그들의 심리나 환경상태를 고려하지 않은 채 일방적으로 도움을 주면, 자칫 아동에게 수치심을 유발할 수 있게 된다. 아동을 위한 봉사에 있어서는 특별히 도움을 받는 입장에 대한 세심한 주의가 있어야 한다. 그러므로 가장 좋은 봉사는 봉사를 받는 아동이 누군가에게 봉사를 받고 있다는 의식을 못할 정도로 자연스럽고 편안

NOTE

[그림 4-1] 아동을 대상으로 한 사회봉사활동

하게 이루어지는 것이다.

(2) 특별한 상황에 처해 있는 아동에 대한 지침

① 빈곤아동

빈곤아동이 겪는 일차적인 문제는 영양결핍으로 인한 성장의 지연으로 나타나고, 교육기회의 제한으로 이어진다. 생활의 궁핍은 아동을 위축시키고 자신감을 잃게 한다. 따라서 빈곤아동이나 가정에게 경제적 도움이 제공되었다고 빈곤으로 발생한 문제가 모두 해결되지 않는다. 빈곤아동에게는 경제적 도움 못지않게 정서적인 안정이 필요하며, 빈곤으로 인해 다양한 기회를 접할 수 없었다는 점을 충분히 고려하여 올바른 사회경험을 쌓도록 도와주는 일이 필요하다.

② 시설보호 아동

예전과는 달리 요즈음 양육시설에서 생활하는 아동들은 비교적 좋은 환경 속에서 생활한다. 시설보호 아동에 대한 인식도 상당히 나아진 것이 사실이다. 이웃이나 학교 친구들이 시설에 방문해서 같이 공부하고 놀고 할 정도로 변화가 이루어지기도 했다. 그렇지만 여전히 많은 시설보호 아동들은 시설에 대한 사회적 편견 속에서 힘들어한다. 어떻게 보면 시설 자체에 문제가 아니라 사회적 선입관의 문제가 더 큰 측면이 있다. 따라서 시설보호 아동에게는 스스럼없이 대하고 봉사자 스스로 시설보호 아동에게 갖는 사회적 · 개인적 편견을 버려야 한다.

③ 결손가정 아동

부모가 없다는 사실은 매우 불행하다. 더욱이 부모가 있지만 여러 가지 이유에 의해서 부모로서의 역할을 못하는 가정에 속한 아동은 더욱 어려운 처지에 놓인다. 이들 아동은 부모로부터 많은 사랑과 관심이 결핍된 상태에 있기 쉽다. 따라서 결손가정 아동을 대하는 데 있어 작은 부분부터 인내를 갖고 관심을 보이며 사랑을 베푸는 일은 봉사의 시작이라 할 수 있다.

④ 학대받는 아동

부모 또는 보호해 주는 사람에게서 신체적 또는 정신적 상처를 받은 아동은 다양한 어려움을 겪는다. 신체적인 고통은 물론 때로는 퇴행(어린시절로 돌아가서 행동하는 것으로 오줌을 싸거나, 어른에게 무조건 매달리는 등의 행위)이나 학교에 적응하지 못하거나, 성적인 왜곡을 하기도 한다. 물론 이러한 아동에게 가장 필요한 것은 지지와 보호 그리고 이해이다. 학대받는 아동의 치료는 전문가에게 의뢰해야 하지만 봉사하는 사람이

NOTE

NOTE

아동은 부모나 사회 어느 누구의 소유물도 아닌 하나의 독립적 인격체로서 존중되어져야 한다는 신념을 갖고, 학대받는 아동들에게 법적 · 정신적으로 도움을 줄 수 있는 정보와 방안을 적극적으로 찾는 것이 그들을 위한 중요한 도움이 된다.

3 청소년의 특성과 사회봉사활동지침

청소년기만큼 미묘하고 복잡한 시기가 있을까? 어른들에게는 추억만 해도 가슴이 벅차오고 갖가지 생각을 불러일으키는 시기이지만, 지금 청소년기를 겪는 이들에게는 거의 매일이 혼란의 연속이고 절망과 고독 등 끊임없는 자신과의 신체적 · 정신적 싸움이 전개되는 시기이다. 청소년은 아동과는 달리 매우 구체적인 사회적 권리와 책임이 동시에 부여되는 시기이며, 나아가 자신과 사회의 미래를 위해서 건강하게 성장해야 하는 시기이다. 청소년을 위한 봉사는 청소년기의 발달과정에서 일어나는 어려움과 청소년을 둘러싼 불합리하고 고통스러운 여건들을 청소년과 함께 헤쳐 나가도록 돕는 일로서 이해해야 한다.

여기서는 청소년기에 겪는 특성을 알아보고, 어려움에 처한 청소년을 돕기 위해서 그들과 함께 하는 봉사는 어떤 방향에서 이루어져야 하는지 살펴본다.

1) 청소년의 특성

NOTE

청소년기본법에 따르면 청소년은 9세부터 24세 미만에 속한 연령계층을 의미한다. 또한 아동복지법에 의하면 18세 미만까지를 아동의 범주에 넣는다. 이처럼 청소년을 지칭하는 시기에 대한 사회적 합의는 명백하지 않다. 그러나 일반적으로 청소년은 중·고등학교 연령계층의 청소년인 13세부터 18세까지의 시기를 뜻한다. 이 시기에 청소년은 사춘기를 겪으면서 전체 생애를 통해 가장 역동적인 신체·인지·사회·정서적 변화를 겪는다.

(1) 신체적 성숙

어느 날 아침, 부쩍 커진 몸 때문에 당황했던 일이 있는가? 청소년기의 가장 큰 특징은 급격한 신체 변화이다. 특히 청소년기가 시작되는 사춘기에는 엄청난 신체적 변화와 함께 성의식이 변화한다. 이러한 성숙은 청소년에게 성역할을 찾게 만들고, 성에 대한 관심을 일으킨다. 즉 청소년기는 남성과 여성으로서의 성역할에 대한 정체감을 확립하고, 이성과의 사랑에 대한 구체적인 사고가 형성되는 시기이며, 성에 대한 가치관이 정립되는 시기이다.

(2) 가족으로부터의 독립

청소년기는 가족으로부터 독립하는 시기이다. 따라서 부모와 가족과 잦은 갈등이 일어나기 쉽고, 때로는 부모보다는 친구나 또래집단에게 많은 영향을 받는다. 이것은 매우 정상적인

NOTE

과정이다. 청소년기에 들어서면서 부모와 가족으로부터의 의존성이 줄어들고 정서적 · 심리적으로 가족으로부터 독립하려 한다. 그러나 이 시기에는 가족으로부터 분리되는 것에 대해서 복잡한 정서를 갖는다. 독립의 욕구와 의존의 필요가 상존한다. 이러한 갈등은 청소년이 경제 · 정서 · 심리적인 독립을 하는데 기초가 된다.

(3) 자아정체감 확립

청소년기 자아정체감은 청소년이 갖고 있는 핵심적인 발달과제이다. 자아정체감은 다른 사람과 구분되는 나에 대한 전인적인 통합성을 이루어 독특한 개인으로서 독립하고자 하는 감정이다. 청소년은 자신의 신체와 심리 변화 사이의 괴리와 주변의 여건 등에 대해서 고민하고 적응한다. 바람직한 자기신뢰가 확보되고 자신에 대한 명확한 이해가 있다면 앞으로의 인생을 주체적이고 창의적으로 살아갈 수 있는 자아정체감을 확립한다.

(4) 직업준비

청소년기는 독립의 욕구가 강한 시기이다. 이 시기에 사회와 청소년 스스로는 교육과 훈련을 통해서 올바른 진로탐색과 의사결정의 기회가 주어지도록 노력해야 한다. 이것을 기초로 해서 청소년들은 직업적인 능력을 배양하고, 이는 장차 생애 전체를 활기차고 행복하게 살 수 있는 원동력이 된다.

(5) 사회적 관계 확장

심적 · 신체적 불균형을 겪고 있는 청소년기는 일반적으로 예민하고 감정의 기복이 심하다. 사소한 일에 쉽게 화내며, 우울해지고 실망한다. 반면 새로운 것에 대한 호기심이 강하고 자신만의 세계를 만들고 쉽게 빠져 들어간다. 특히 사춘기 청소년은 남을 의식하여 부끄러움을 많이 느끼는 등 다양한 정서와 행동의 모습을 보인다. 이러한 청소년은 성장하면서 자아중심 세계에서 사회적 도덕률을 배우고 타인과 더불어 살아가는 방식을 습득해 나간다.

2) 청소년을 위한 사회봉사지침

(1) 일반적 지침

① 청소년을 대상으로 하는 봉사활동은 곧 봉사학습의 성격을 띤다.

청소년을 위한 봉사는 봉사자나 봉사활동 서비스를 받는 사람과의 구별이 모호할 수 있다. 청소년이 봉사의 대상이 되더라도 그 청소년은 또한 무한한 가능성을 지니고 있다. 따라서 봉사를 하는 청소년과 봉사활동의 대상이 되는 청소년 모두에게 사회봉사는 중요한 학습 즉, 봉사학습(service learning)이 된다는 사실을 유념해야 한다.

② 청소년의 주체성과 자발성을 강조해야 한다.

청소년에게 심리 또는 사회적 지원을 하는 사회봉사의 경우에는 열등한 청소년을 교육하거나 지원하는 데 중점을 두기

NOTE

NOTE

보다는, 청소년의 주체성과 자발성이 강조되어야 한다. 이런 점에서 청소년을 위한 봉사보다는 청소년과 함께 하는 봉사활동을 전개한다는 의식이 항상 있어야 한다.

③ 청소년이 자신과 타인을 사랑할 수 있도록 돕는다.

대다수의 청소년들이 겪는 심리 · 정서적 어려움은 자기를 사랑하는 마음이 미약하거나 없는데서 출발한다. 따라서 그들에게 자신을 사랑하는 방법을 배우도록 도와주고, 나아가 자신과 마찬가지로 남을 사랑하는 자세와 태도를 습득하도록 지원해야 한다.

④ 청소년에게 사회연대의식을 심어주어야 한다.

봉사활동이 대상이 되는 청소년에게 사회연대의식을 강하게 심어줌으로써 그들이 자기개발뿐만 아니라 사회적 책임도 가질 수 있는 방향으로 유도해야 한다. 예를 들어서 비행청소년을 위한 또래상담에 있어서 비행조건을 제거해야 하는 이유가 개인이나 가정의 건강성뿐만 아니라 사회적 책임성까지 포함되어 있다는 사실을 인지시키려는 노력이 있어야 한다.

⑤ 봉사자와 봉사활동 대상 청소년이 함께 봉사활동의 개발에 힘써야 한다.

이것은 봉사를 하는 또는 봉사활동의 대상이 되는 청소년이 함께 참여하여 제3의 봉사활동과 장소를 발굴해야 하는 것을 의미한다. 이를 통해 봉사가 일방적인 시혜가 아닌 더불어 사는 삶을 가꾸는 기초 노력이라는 점을 상기시켜야 한다.

⑥ 청소년이 도움을 받는다는 느낌을 받지 않도록 주의해야 한다.

청소년기는 민감하다. 좋은 봉사활동이란 대상이 되는 청소년이 수치심을 느끼지 않고 봉사대상이 됨으로써 자기를 개발하고 사회적 성원으로서의 역할을 인식하는 계기를 제공하는 것이다.

⑦ 나-전달법을 활용한다.

도움 받는 청소년과 대화할 때 가장 신경이 쓰이는 부분이 언어사용이다. 또래 청소년 간에 한편은 도움을 주고, 다른 한편은 도움을 받을 때 상호예의에 대해서 더욱 민감해진다. 이럴 때 유용한 방법이 나-전달법(I-Message)이다. 즉 주어를 나로 해서 상대방의 행동, 나의 느낌, 그로 인한 결과 등의 표현을 하는 방법이다.

[그림 4-2] 청소년을 대상으로 한 사회봉사활동

NOTE

NOTE

⑧ 봉사자가 자신의 한계에 대한 정확한 인식이 필요하다.

도움이 필요한 청소년들이 요청하는 모든 문제나 요구를 도와줄 수 없다. 따라서 청소년과 함께 봉사하는데 있어 중요한 것은 봉사자가 할 수 있는 능력범위 내에서 봉사활동을 하는 것이다. 무리한 봉사를 요구하는 청소년에게는 정중히 어려움을 말하고, 그들에게 맞는 다른 봉사자를 찾도록 도와준다.

(2) 특별한 상황에 처해 있는 청소년을 위한 봉사지침

① 가출청소년

가출 자체도 문제일 수 있지만 그것보다도 가출로 인해 발생할 수 있는 비행과 교육 결손 등의 문제가 더 심각하다. 대다수의 가출청소년들은 가정의 문제를 안고 있다. 따라서 가출청소년을 돕는 봉사도 한계가 있다. 가출로 인해 파생될 수 있는 문제 발생을 최소화시키기 위한 노력으로서, 가출했을 때 이들에게 쉴 수 있는 안정된 공간에 대한 정보를 알려주는 일이 우선적으로 필요하다. 나아가 가출청소년이 한 가정의 책임 있는 성원으로서 할 수 있는 역할을 탐색하고 그들이 있는 현장에서 함께 고민하고 지지해 주는 역할이 필요하다.

② 비행청소년

비행청소년들이 자기통제 기술이 부족하거나, 낮은 자기 존중감 등을 갖고 있어 이것이 비행의 원인이 된다는 연구보고들이 있다. 따라서 이들을 위한 봉사는 한 사회의 소중한 존재로서 자기 가치를 인정하고 합리적인 표현방식을 찾도록 돕는 것이다. 나아가 그들의 폭력적 또는 반사회적 행위의 근본 원인이 애정의 결핍에서 비롯되는 분노, 좌절 등이라는 점에 주목하여 적절한 자기 통제력을 습득할 수 있는 집단 활동을 제공해 주고, 옆에서 같은 청소년으로서의 경험을 알려주는 것도 도움이 된다.

NOTE

③ 부등교 청소년

부등교 청소년이란 학교의 등교를 거부하는 청소년을 말한다. 이러한 청소년에게는 자신도 실제로 학교라는 제도가 적합하지 않은지 아니면 학교에서 일어나는 일과 학업, 교우관계에 문제가 있는지를 빨리 파악하는 것이 필요하다. 봉사자로서 제공할 수 있는 도움은 이들이 자신의 문제 원인을 찾을 수 있도록 사회복지사 등 전문가를 찾아갈 수 있도록 정보를 제공하고 돕는 일이다. 또한 학교에 등교하지 않음으로써 발생하는 문제와 고민을 들어주고 함께 바람직한 방향을 찾아야 한다.

④ 약물남용 청소년

일반적으로 청소년은 대인관계의 미숙함과 두려움 또는 욕구불만에 대한 부적절한 해소방법으로 약물을 선택한다. 그들은 약물을 통해서 그릇된 행복감을 느끼고 불쾌한 감정을 회피한다. 약물을 호기심에 접하는 청소년에게는 이로 인한 행복감은 지속성이 없고, 궁극적으로는 감정의 손상을 가져온다는 사실을 알려주어야 한다. 또한 정기적으로 약물을 사용하는 청소년에게는 습관적인 의존성을 가져오게 된 이유(부모와의 갈등, 친구관계의 어려움, 학교에서의 문제 등)를 잘 파악한 뒤 약물을 거절하는 기술을 습득하도록 권유하고, 약물에 의존되어 있는 청소년은 적절한 시설의 도움을 받도록 용기를 북돋는다.

NOTE

4 노인의 특성과 사회봉사활동지침

본절에서는 사회봉사활동의 주요한 대상이 되는 노인에 대한 이해를 바르게 하기 위하여 노인의 특성을 알아보고, 노인을 위한 사회봉사활동의 구체적인 예를 살펴본 뒤, 사회봉사의 효과를 최대화시키기 위한 유의사항을 알아보기로 한다. 또한 노인은 봉사활동의 대상이 되기도 하지만 건강하고 여유 있는 노인의 증가와 함께 노인이 주체가 되는 봉사활동의 필요성이 인식되고 있으므로, 이에 대해서도 간단히 알아보도록 한다.

1) 노인(老人)이란

1960년대의 경제성장기 이후 우리 나라의 노인인구가 급증하고 있다. 이는 의료기술의 발전, 영양상태의 호전, 보건위생의 향상으로 장수하는 노인이 많아졌기 때문이다. 통계청에 의하면 1960년에는 평균수명이 50세를 갓 넘었는데, 2002년에는 77세로 늘어나 불과 40년 사이에 우리 나라 사람은 평균적으로 22년이나 오래 살 수 있게 된 것이다. 이런 변화로 인해 경제협력개발기구(OECD)에 속한 국가 중에서 가장 빠르게 노인인구가 늘어나는 나라로 주목받고 있다.

노인으로 구분하는 가장 일반적인 기준은 연령이다. 흔히 노인이라 하면 65세 이상의 사람을 가리키는데, 연금을 받게 되는 연령과 국가간 비교를 할 수 있는 기준을 감안하여 국제협력기구(UN)에서 정한 기준을 적용하였기 때문이다.

하지만 노인 중에는 치매나 중풍과 같은 노인성 질환으로 누군가의 도움 없이는 식사조차도 혼자 할 수 없는 소위 요보호 노인(frail elderly)이 있는가 하면, 젊은 사람 못지않게 건강하고 활기차게 노년을 보내고 있는 노인들(healthy elderly)도 있어, 노인집단은 다른 어떤 연령집단보다도 개인차가 심한 특징을 가진다. 사회봉사와 관련해서, 요보호 노인은 사회봉사활동을 받아야 할 사람으로 간주할 수 있고, 건강한 노인은 봉사활동의 주체로 볼 수 있다.

NOTE

(1) 노인의 신체적 특성

엄격한 의미에서 신체적 노화는 태어나면서부터 시작된다고 하겠지만, 청년기까지는 성장을 위한 노화로 볼 수 있고, 신체의 기능이 약해지는 부정적 의미의 노화는 장년기 이후에 두드러지게 나타난다. 노인이 되면 신체구조면에서 흰머리, 주름살, 얼룩반점과 같은 것이 생기기 쉬운데 이런 신체구조의 변화는 사실은 생활에 큰 불편을 끼치지 않는다. 그러나 몸의 각 부분이 담당한 역할, 즉 신체 기능이 떨어지면 생활에 불편을 초래하게 되고 이러한 노인의 신체적 특성으로 인해 사회봉사를 필요로 하는 경우가 많다. 거동이 불편한 노인이라고 할 경우, 남의 도움 없이는 일상생활이 어려운 노인을 의미한다. 거동이 불편한지의 여부를 알아보는 기준으로 '일상생활수행능력(ADL : Activities of Daily Living)' 이라는 지표가 있는데, 식사하기, 화장실 가기, 집안일 하기, 식사 준비하기와 같은 살아가는데 필요한 기본적인 동작을 혼자 할 수 있는지 알아본다. 2000년에 전국의 노인을 대상으로 한 조사에 의하면 일상생활수행능력에 어려움이 있는 노인은 전체노인 중 42.6%인 것으로 나타났다. 신체 기능이 약해지면서 고혈압, 당뇨병, 골다공

NOTE

증과 같은 만성질환[1]으로 고생하는 노인 또한 사회봉사를 우선적으로 필요로 하는 노인으로 볼 수 있는데, 1998년 전국 조사에 의하면 노인의 86.7%에 해당하는 사람이 한 가지 이상의 만성질환을 앓고 있으므로 노인을 대상으로 한 사회봉사에 임하는 사람은 이러한 노인의 특성을 숙지하여야 하겠다.

(2) 노인의 심리적 특성

노년기에 접어들면 친한 배우자나 친구와 사별하는 어려운 경험을 하기도 하고, 신체적 기능이 약해지는 것을 실감하기도 하며, 이로 인해 남은 생에 대한 불안감이 고조되어 우울증상을 보이는 노인이 많다. 노인성 우울증에 대해서는 나이가 들어서 나타나는 자연스러운 현상으로 받아들이는 잘못된 인식이 일반적인데, 조기에 적절한 치료를 통해 마음의 건강을 지켜주는 것이 중요하다. 노인이 되면 성격에도 변화가 일어나기 쉽다. 내향적이고, 수동적으로 되기 쉬우며 새로운 일에 도전하려하지 않고 조심성이 증가하는 경향이 있다. 또한 나이가 들면 오랫동안 사용한 물건이나 대상에 대한 애착이 증가하기도 하며 생을 마감하기 전에 자손에게 유산을 남기거나 하여 자신의 삶의 흔적을 남기려는 경향도 강해진다. 이러한 성격상의 변화는 신체기능의 저하와도 밀접한 관련이 있으며, 정년퇴직을 통한 사회활동의 감소와 같은 사회적 특성과도 연관이 있다.

---

[1] 만성질환은 급성질환과는 달리, 오랜 기간에 걸친 건강에 좋지 못한 생활습관으로 인해 발병하기 쉬우며, 한 번 발병하게 되면 완치가 거의 불가능하여 증상을 완화시키기 위한 생활상의 주의를 필요로 하는 특징이 있다.

(3) 노인의 사회적 특성

노년기에 가장 두드러지는 사회적 특성으로 역할상실을 들 수 있다. 정년퇴직을 하면서 사회적인 역할로부터 멀어지고, 자녀의 분가로 인해 가정 내에서의 역할이나 지위도 축소될 수 밖에 없다. 특히 정년퇴직은 직업생활을 마감한다는 의미를 넘어 직업을 통해 구축한 다양한 사회적 관계와 단절되게 하며, 이로 인해 직접적으로는 소득이 줄어들고 간접적으로는 자기 존재의 의미를 찾기 어려운, 즉 자아상실감을 맛보게 하기도 한다. 이처럼 정년퇴직을 계기로 새로운 삶이 시작된다고 해도 과언이 아닌데 우리 나라 현실은 장년기에 퇴직 후의 생활에 대해 준비할 여유가 없기 때문에 노인은 큰 사회적 변화를 경험하게 된다.

이상으로 봉사활동의 대상이나 주체가 되는 노인에 대해 알아보았는데, 노인의 신체적 · 심리적 및 사회적 특성은 상호 밀접한 관계에 있고 서로 영향을 미치기 쉬우므로, 노인을 대상으로 하는 봉사자는 각 노인의 전체적 성향을 파악하여 봉사활동에 임할 때에 보다 좋은 봉사의 성과를 거둘 수 있을 것이다.

2) 노인을 위한 사회봉사활동의 필요성

노인은 심신의 기능이 떨어져 거동이 불편하게 되면 가족을 비롯한 가까운 사람 혹은 정부차원의 도움을 필요로 하게 된다. 확대가족 사회에서는 가족이나 친척이 주로 노인에게 필요한 도움을 주었다. 하지만 현대사회에서는 산업화, 도시화, 핵가족화 등으로 인해 가족이나 친척의 도움을 받을 수 없는 노

NOTE

NOTE

인이 늘어나고 있다. 통계청 발표에 의한 평균 가족 구성원 수의 변화를 보면, 1960년에 5.7명이었던 것이 2000년에는 3.2명으로 거의 절반으로 줄어들어, 자녀 및 손자녀와 같이 살고 있는 노인이 줄어드는 반면 혼자 살거나 노부부끼리만 사는 가구가 늘어나고 있음을 알 수 있다. 이런 사회변화로 인해 노인이 자녀에게서 일상적인 도움을 받지 못할 경우에는, 이웃이나 지역사회의 봉사가 절대적으로 필요한데, 그렇다면 지역사회에서는 노인을 위해 어떤 봉사를 할 수 있을까? 구체적인 활동 프로그램을 알아보면 다음과 같다.

3) 노인을 위한 사회봉사활동

(1) 지역사회의 노인을 위한 봉사활동

노인입소시설에서 거주하는 것이 아니라 자신의 집에서 생활하는 노인이나 지역에 있는 이용시설을 방문해서 하는 봉사활동으로 다음과 같은 것이 있다.

① 안부전화하기 : 홀로 살거나 하여 외로운 노인을 위해 정서적인 도움을 주는 활동으로, 정기적으로 전화를 하여 안부를 확인하고 일상생활의 문제에 대해 이야기를 들어주는 프로그램이다. 필요에 따라서는 더욱 구체적인 프로그램과 연결시키기도 한다.

② 가정방문하기 : 봉사자가 봉사를 필요로 하는 노인의 집을 찾아가는 프로그램이다. 청소, 빨래와 같은 가사일을 도와주기도 하고, 수발, 말벗 되어주기와 같은 활동을 하기도 한다.

③ 재가노인시설에서의 활동 : 주로 건강한 노인을 위해 다양

한 프로그램을 운영하는 노인복지관 혹은 사회복지관의 프로그램 운영을 보조할 수 있다. 노인을 위한 지역사회에 있는 복지시설로는 낮 동안 이용하는 주간보호시설과 짧은 기간동안 입소하여 지내는 단기보호 시설이 있는데, 이러한 이용시설에서 행하는 급식, 목욕, 운동 및 재활훈련, 오락 등을 도와주는 활동이 있다.

NOTE

(2) 시설에서 지내는 노인을 위한 봉사활동

자신의 집이 아닌 주거시설이나 요양 및 의료시설[2]에서 지내는 노인은 가족과 자주 만날 수 없고 젊은 사람을 만날 기회가 줄어들어 외로움을 느끼기 쉬우므로, 시설을 정기적으로 방문하여 말벗이 되어주거나 상담을 실시하여 외로움을 덜어주는 활동이 있다. 또한 시설에서 행하는 다양한 행사나 프로그램의 보조 활동, 결연을 통한 후원활동 등을 할 수 있다.

(3) 혼자 사는 독거노인을 위한 봉사활동

노인이 혼자 생활하다 보면 특히 주위의 도움을 필요로 하는 경우가 많다. 독거노인을 위한 봉사활동 내용으로는 다음과 같은 것이 있다.

① **결연 및 방문** : 외국에서는 많이 실시하고 있는 프로그램으

[2] 노인복지법에서 정하는 노인을 위한 복지시설로는 비교적 건강한 노인의 생활을 위해 만들어진 노인주거복지시설, 몸이 불편한 노인을 돌보아 주기 위한 병원이나 요양원과 같은 의료복지시설, 노인의 여가를 위해 만들어진 여가복지시설(대표적인 것은 경로당)과 기본적으로는 집에서 지내는 어르신을 위한 재가노인복지시설(가정봉사원파견시설, 주간보호시설, 단기보호시설)로 나눌 수 있다.

NOTE

로, 가족이 없이 무의탁으로 지역에 거주하는 독거노인과 지역의 주민이나 단체가 결연을 맺어 노인의 생활과 관련된 다양한 도움을 주는 활동이다. 정기적으로 방문하여 생활이나 건강의 문제를 상담하고 필요한 경우에는 더욱 전문적인 도움을 받을 수 있도록 연결하여 준다.

② **배달 및 주택환경 봉사** : 혼자 살게 되면 의식주와 같은 기본적인 생활에서도 어려움을 겪는다. 식사만 하더라도 거르는 경우가 생기기 쉬우며 더군다나 영양균형을 맞춘 식단을 짜서 식사를 하기가 힘들다. 지역의 복지관이나 종교기관 등에서 이러한 문제를 해결하기 위해 도시락을 만들어 봉사하는 곳이 늘어나고 있다. 이처럼 독거노인에게 도시락을 만들어 배달하거나, 겨울철 난방 정비, 전기 배선 등과 같은 집안의 환경을 정비해 생활을 지원하는 활동이다.

(4) 노인의 삶의 질 향상을 위한 봉사활동

구체적인 생활에 어려움이 있는 노인이 아니라 비교적 건강한 노인을 대상으로 하여 교육이나 오락을 통해 여가시간을 유용하게 보낼 수 있도록 하는 활동으로는, 다음과 같은 것이 있다.

① **노인대학 운영보조** : 지역사회의 기관에서 교육을 통해 노인에게 자기성장의 기회를 갖도록 하여 궁극적으로 풍요로운 노년을 보내도록 도와주는 것을 목표로 하는 노인대학에서 프로그램의 진행을 도와주는 활동이다.

② **한글학습 지도** : 노인대학과 같이 교육을 통한 활동으로, 한글을 배울 기회를 놓친 노인들을 대상으로 한글을 익힐

[그림 4-3] 노인을 대상으로 한 사회봉사 활동

NOTE

수 있도록 도와주는 프로그램에서 봉사하는 활동이다.

③ 노인 자서전 쓰기 : 노년기는 인생에서 자신의 삶을 통합하고 마무리하는 시기에 해당한다. 노인들이 자서전을 쓰면서 자신의 지난 삶을 음미하고 남은 생에 대한 의미를 부여할 수 있다는 점에서 자서전 쓰기 프로그램이 도입되고 있다. 하지만 노인 중에는 글쓰기에 익숙하지 못한 사람이 있을 수 있으므로 글쓰기 방법을 돕고 자신에 대해 표현하는 능력을 갖추게 하여 최종적으로는 자서전을 완성하도록 도와주는 프로그램이다. 이러한 인생 회고 과정을 통해 삶에 대한 만족감과 자아통합을 이룰 수 있다.

4) 노인을 위한 봉사자의 자세

노인을 대상으로 하는 봉사자에게는 다음과 같은 봉사자세

NOTE

가 필요하다.

- 단정한 외모와 겸손한 태도로 봉사한다
- 봉사활동은 노인의 관심사에서부터 시작한다
- 노인의 욕구와 요구에 따라 봉사한다
- 노인과 합의하에 봉사활동을 계획하고 실천한다
- 봉사활동의 한계를 분명히 하고 무리하지 않는다
- 노인과 약속한 사항은 꼭 지켜 신뢰받는 봉사자가 된다. 만약 약속을 지키지 못할 경우에는 그 이유를 사전에 설명한다.

5) 노인이 주체가 되는 사회봉사활동의 필요성

앞서 지적한 것처럼, 노인인구가 절대적으로 많아지면서 요보호 노인뿐 아니라 건강하여 자립된 생활을 하는 노인도 증가한다. 요보호 노인은 사회적인 부양의 부담을 초래하지만 건강한 노인은 스스로의 건강을 지키면서 가족이나 사회에 도움이 되는 역할을 담당할 수 있다. 노인이 되면 흔히 질병, 경제적 어려움, 외로움, 무위함과 같은 네 가지 고통을 겪게 되는데 이를 '4고(4苦)' 라 한다. 노후에 겪게 되는 외로움이나 무위함을 해소하기 위해서는 봉사활동의 주체가 됨으로써 남에게 도움을 주는 것이 유익하기도 하다. 노인이라고 하면 건강하지 못하여 의존적이고 누군가의 도움을 받는 존재로 생각하기 쉽지만 건강하고 경제적인 여유가 있는 노인 중에는 지역사회나 젊은 세대에게 무언가를 남겨주고, 자신의 역할을 가지기를 원하는 사람들도 많다. 이런 노인에게 맞는 봉사활동의 기회를 부여하는 것이 우리 사회에서 새롭게 요구되고 있다. 노인이 주체가 되어 하고 있는 봉사활동으로는 다음과 같은 것이 있다.

6) 노인이 주체가 되는 사회봉사활동

NOTE

(1) 문화보존과 관련된 봉사

민요나 풍물과 같은 전통문화와 관련된 특기를 가진 노인이 중심이 되어 지역사회 내의 시설이나 학교 등에서 공연하는 프로그램과 연 만들기, 짚신 만들기와 같은 전통공예를 통하여 노인이 봉사활동을 할 기회를 마련할 수 있다. 지역의 전통 문화재나 유적지 보존과 지역문화재 홍보와 관련된 봉사도 할 수 있는데, 이런 프로그램을 통해 노인의 여가를 유용하게 보낼 뿐 아니라 나아가서는 자존감을 높이는데 기여할 수 있다.

(2) 지역사회 봉사

노인이 지역사회 주민들을 위해 봉사할 수 있는 다양한 프로그램이 있다. 독거노인, 환자노인, 장애노인을 방문하여 말벗이 되어주기도 하고, 외출이 필요한 경우에 도움을 주며 급식을 배달하거나 안부를 확인하는 또래 노인을 위한 봉사 프로그램, 지역사회의 종합병원 등의 안내, 말벗 되어주기와 같은 활동을 통해 노인은 사회참여의 기회를 얻고 병원을 찾는 사람에게는 편리함을 제공할 수 있다. 또한 현대사회는 다양한 세대가 더불어 살고 있어 다른 세대를 이해하지 못하고 갈등이 생기기 쉽다. 이에 최근 노인복지관을 중심으로 노인들과 젊은이들이 함께 봉사하는 기회를 마련하여 세대간의 간격을 좁히는 프로그램도 실시되고 있다. 이 외에도 지역 내에서 노인들이 할 수 있는 봉사활동으로 거리질서 선도 봉사, 편부모 가족 원조 활동, 양조부모 결연봉사 등이 있다.

NOTE

(3) **교육과 관련된 봉사**

일어나 영어와 같은 외국어 능력을 갖춘 노인은 통역이나 번역 봉사활동을 할 수 있고, 지역의 복지시설에서 실시하는 방과후 교실에서도 청소년의 정서적 지도 및 학습지도를 할 수 있다. 인생경험이 풍부한 장점을 살려 전화상담 도우미로서의 역할을 담당하기도 한다.

5 장애인의 특성과 사회봉사활동지침

장애인에게 도움이 되는 사회봉사활동은 장애인들에게는 일상적인 생활을 영위해 나갈 수 있는 능력을 향상시키는데 큰 도움이 되며, 봉사자들에게는 장애인에 대한 편견을 없애고 더불어 함께 하는 공동체의식을 함양시키는데 도움이 될 수 있다. 다양한 집단의 사람들이 있는 것처럼 장애인에게도 많은 다양성이 존재한다. 각각의 장애인은 독립적인 개인으로 접근되어야 한다. 장애인에게 도움이 되는 봉사활동을 위해서는 무엇보다 장애인에 대한 이해를 기초로 한 봉사자의 자세가 중요하다. 이 외에도 장애인의 특성에 따른 유의점들을 익히는 것이 봉사활동의 질을 높이는데 기여할 수 있을 것이다.

1) 장애인의 특성 이해

일상생활이나 사회적응을 해나가는 데, 신체적으로나 정신적으로 불편하거나 불리한 조건을 가지고 살아가는 사람을 우리는 흔히 장애인이라고 부른다. 그러나 장애의 절대기준은 없다. 다만 장애로 취급되는 문제는 그 시대와 사회의 지배적인 가치기준 여하에 따라 상대적일 수 밖에 없다.

메어슨(Meyerson)은 '장애란 한 개인에게 객관적인 사실로

〈표 4-1〉 장애분류 및 확대예상 장애범주

<table>
<tr><th>대분류</th><th>중분류</th><th>소분류</th><th>세분류</th><th>향후확대 예상범주</th></tr>
<tr><td rowspan="12">신체적 장애</td><td rowspan="6">외부장애 (외부기관의 장애)</td><td>지체장애</td><td>절단장애, 관절기능장애, 지체기능장애, 변형및단축</td><td rowspan="6">피부질환장애</td></tr>
<tr><td>뇌병변장애</td><td>–</td></tr>
<tr><td>시각장애</td><td>시력장애, 시야결손장애</td></tr>
<tr><td>청각장애</td><td>청력장애, 평형기능장애</td></tr>
<tr><td>언어장애</td><td></td></tr>
<tr><td>안면기형</td><td>–</td></tr>
<tr><td rowspan="6">내부장애 (내부기관의 장애)</td><td>신장장애</td><td>투석중인 만성신부전증, 신장이식</td><td rowspan="6">소화기장애
비뇨기장애
혈우병
AIDS
기타내부장애</td></tr>
<tr><td>심장장애</td><td>중증심장기능장애, 심장이식</td></tr>
<tr><td>호흡기장애</td><td>–</td></tr>
<tr><td>간질환장애</td><td>–</td></tr>
<tr><td>장루(요루)장애</td><td>–</td></tr>
<tr><td>중증간질장애</td><td>–</td></tr>
<tr><td rowspan="3">정신적 장애</td><td>정신지체</td><td>정신지체</td><td>–</td><td></td></tr>
<tr><td rowspan="2">정신장애 (정신지체를 제외한 정신장애)</td><td>정신장애</td><td>정신분열증, 분열정동장애, 양극성 정동장애, 반복성 우울장애</td><td>알코올및약물중독, 치매, 기질성뇌증군, 기타정신장애</td></tr>
<tr><td>발달장애</td><td>자폐증</td><td>기타 발달장애</td></tr>
</table>

*출처 : 한국보건사회연구원

NOTE

NOTE

서 존재하는 것이 아니라 사회적 가치판단에 의해 필요에 따라 규정되어지는 것' 이라고 정의한다. 즉 장애인으로 취급되고 안 되고는 그 사람 자신의 자격문제가 아니라 어떤 사회적 규범문제 때문인 것이다. 다만 현실적으로 세계보건기구(WHO)가 정한 장애에 관한 세 가지 개념은 다음과 같다. 먼저 신체적 손상이 있어야 한다. 둘째, 손상으로 인하여 기능에 제약이 있어야 한다. 만일 손상이 있어도 기능에 제약이 없다면 장애라고 할 수 없다. 셋째, 손상에 의한 기능제약으로 일상생활 동작을 못하게 되었을 때 비로소 장애라고 할 수 있다(한국뇌성마비장애인연합, 2003).

장애는 선천적일 수 있으며 후천적인 상해나 질병의 결과일 수도 있다. 장애는 경증에서 중증에 이르기까지 그 정도에 있어서 매우 다양하다. 또한 중복장애을 가질 수 있으며 일시적으로 혹은 영구적으로 장애의 정도가 시간이 지남에 따라 변화할 수 있다. 장애의 유형은 〈표 4－1〉과 같다.

2) 장애인을 대하는 봉사자의 태도

(www.meer.net/users/taylor 참조)

- 장애를 가진 사람도 장애를 입은 신체의 기능 일부가 불편할 뿐 다른 다양한 능력을 가진 비장애인들과 똑같다는 인식이 필요하다.
- 비장애인이 다양하듯이 장애인 역시 개별적으로 접근되어야 한다. 모든 장애인을 동일시하지 않고 각각 다른 인격을 가진 인격체라는 것을 인식한다.
- 장애인을 만날 때는 자연스럽게 대하고, 그들의 요구가 있을 때에만 도와준다.
- 장애인을 도울 때는 무엇을 원하는지 잘 듣고 행동하여야

한다. 독단적으로 행동하는 것은 쓸데없는 참견이 될 수도 있다.

- 장애인과 만났을 때 주춤하거나 유심히 바라보지 않는다. 과잉보호나 과잉염려, 과잉친절은 삼간다.
- 보행이나 대화시 장애인의 보조대로 안내한다. 장애인과 식사할 때는 그들이 요청하기 전까지는 음식 먹는 일을 돕지 않는다.
- 장애인은 대등한 인간으로 대우받기를 원하며, 자신을 나타낼 수 있는 기회를 갖고 싶어하므로 동정이나 자선을 베풀지 않는다.
- 장애인의 능력과 관심에 대해 앞질러 생각하지 않는다.
- 장애자체에 관심과 호기심을 나타내지 말고, 인격적인 만남을 중시한다.
- 경험이 없는 봉사자의 경우 상대방의 요구에 따르면 된다. 문제는 봉사기술이 아니라 장애인에 대한 낮은 인식이다.
- 봉사자가 경험한 것을 마치 모든 장애인의 심리를 대변하는 것처럼 경험에 의존하지 않도록 주의한다.
- 장애인을 도울 때는 서두르지 않는다. 만남의 목적보다 과정이 더 중요하므로 시간적 여유가 필요하고, 봉사자가 서두르면 장애인은 불안해 할 수 있다. 특히 계단이나 턱을 넘을 때, 식사를 할 때, 차를 타고 내릴 때나, 이동할 때는 안전감과 여유를 필요로 한다.
- 장애인들은 돕는 기술이 뛰어난 봉사자보다 다정하고 편안하게 대해 주는 사람을 원한다. 그리고 압도당하지 않고 자유로움을 느낄 수 있도록 해 주어야 한다. 봉사자의 역할이 장애인을 보조하는 것이므로 자신의 가치를 장애인들에게 강요해서는 안 된다.

NOTE

NOTE

3) 봉사자의 역할

장애인과 비장애인이 더불어 사는 사회를 만들기 위해서는 지역사회의 환경변화와 더불어 인적자원으로서 봉사자의 역할이 강조된다. 봉사자들은 장애인에 대한 지역사회의 편견을 제거하고 장애인에게 우호적인 사회적 분위기를 조성하며, 장애인에게 불리한 사회적 환경과 제도를 개선하는데 있어서 일정한 역할을 담당할 수 있으며, 직접적으로는 장애인을 위한 서비스에 참여함으로서 장애인의 재활에 여러 가지 도움을 줄 수 있다. 이를 위한 봉사자의 역할을 살펴보면 다음과 같다.

첫째, 진정한 친구로서의 역할을 한다. 장애인은 진정한 친구를 필요로하므로 봉사자의 가장 큰 역할은 친구로서의 역할이라고 할 수 있다. 친구란 상대방을 이해하고, 관심을 갖고, 경청하고, 도울 수 있는 준비가 되어 있는 사람이다. 함께 대화하고, 함께 영화관에 가거나 외출하기를 원하면 함께 동행하기도 한다.

둘째, 치료 · 교육 등 재활의 조력자로서 역할을 한다. 다양한 재활 프로그램에 참여하여 전문가의 지시에 따라 치료를 돕거나 교사의 요청에 따라 장애인의 학습을 도울 수 있으며, 자립훈련을 위한 훈련자로서 활동할 수도 있다.

셋째, 장애인의 대변자로서 역할을 수행한다. 봉사자는 장애인문제에 대하여 먼저 지역사회가 관심을 갖도록 알리고 해결을 촉진하는 활동을 할 수 있다. 무엇보다 장애인의 입장에서 장애인에 대한 사회의 올바른 인식을 촉구하고 시민단체나 종교단체에서 장애인을 지지할 수 있도록 설득하는 역할을 수행할 수 있다(한국뇌성마비장애인연합, 2003).

4) 장애인 봉사활동시 유의사항

장애인을 위한 봉사활동시 유의해야 할 사항들은 장애유형, 장애정도, 그리고 상황에 따라서 도움의 내용이 달라지는데 여기에서는 일반적인 사항들만을 제시하고자 한다(http://cafe.naver.com/hnanum/42 참조).

(1) 지체장애인

① 출입문과 엘리베이터에서

장애인을 위해 문을 열어주거나 잡아줄 때는 장애인이 완전히 통과할 수 있을 때 까지 잡아주고 문을 닫을 때는 장애인의 손가락이나 보장구가 문틈에 끼이지 않도록 주의해야 한다.

② 휠체어를 밀어줄 때

휠체어를 밀어줄 때는 먼저 장애인에게 도움을 필요로 하는지를 물어본다. 특히 내리막길이나 오르막길에서 휠체어를 탄 장애인에게 말도 하지 않고 휠체어를 놓아 버리는 것은 대단히 위험하므로, 반드시 주의해야 한다.

수동휠체어를 사용할 때는 봉사자의 도움을 더욱 많이 필요로 한다. 특히 수동휠체어를 밀어줄 때는 휠체어 발판이 튀어나와 있으므로 주의를 기울인다. 실외에서는 움푹 패인 곳을 피하고 지형에 유의하여야 한다. 수동휠체어를 밀어줄 때는 휠체어 사용자에게 어디로 가기를 원하는지를 물어본 후 천천히 밀기 시작한다.

NOTE

NOTE

③ 계단과 턱에서

휠체어로 계단을 오를 때에는 휠체어를 뒤로 뉘어 앞바퀴가 들리도록 하여 올라가고 계단을 내려올 때는 장애인에게 어떻게 내려오는 것이 좋은지를 물어본 다음 앞 혹은 뒤, 어느 쪽으로 내려오든지 장애인의 상체가 휠체어 등받이에 붙도록 하고 휠체어 앞바퀴가 들리도록 하여 내려오면 된다.

보행 장애인이 계단을 오르내릴 때는 장애인의 옆에서 팔을 뻗어 장애인이 봉사자의 팔을 잡아 의지하고 균형을 이룰 수 있도록 도와준다. 또한 필요할 경우에는 봉사자가 팔로 장애인의 허리를 부축하고 계단을 오르내린다. 특히 계단을 오르내릴 때 봉사자가 장애인의 팔을 붙잡지 않도록 주의한다. 오히려 장애인이 몸의 균형을 잃어 넘어질 수도 있기 때문이다.

장애인이 봉사자의 부축없이 계단을 오르내릴 경우 내려올 때는 봉사자가 앞에서, 올라갈 때는 봉사자가 장애인의 뒤에서 만약의 사고에 대비하는 것이 필요하다.

(2) 시각장애인

① 지팡이 사용시

시각장애인이 사용하는 지팡이는 장애물을 감지하고 앞방향을 찾는데 사용되는데 보통 흰색이나 연한색이며 끝의 뾰족한 부분이 빨강이나 노란색으로 되어 있기도 하다. 허락없이 장애인의 지팡이를 만지지 않도록 주의한다.

시각장애인이 지팡이를 가지고 천천히, 불완전하게 이동하더라도 반드시 봉사자가 도와주어야 할 필요는 없고 어려움이 보이거나 도움을 요청하기 전까지는 개입하지 않도록 한다. 시각장애인이 지팡이를 사용하여 보행할 때는 봉사자가 지팡이의 반대편에 서서 팔을 내어준다.

② 보행시

시각장애인과 함께 걸을 때 봉사자가 장애인의 팔을 잡는 것은 실례가 되므로 봉사자의 팔을 장애인에게 내어주는 것이 바람직하다. 그래서 장애인이 봉사자의 팔꿈치부분이나 팔꿈치 위를 잡게 하는 것이 좋다. 그런데 장애인이 봉사자의 팔을 잡는 것을 원하지 않으면 두 사람이 서로 아주 가깝게 붙어서 걷는다.

시각장애인이 봉사자의 팔을 잡고 있을 때는 봉사자가 갑자기 방향을 바꾸거나 또는 몸을 움직이지 않도록 한다. 보행하다가 계단이나 엘리베이터 또는 주의가 필요한 곳에 접근할 때는 우선 멈춰 서서 앞에 처한 상황을 차분히 설명해준다.

뒤로 돌 때는 장애인이 봉사자의 팔을 잡은 채로 두 사람이 함께 돌지 말고 먼저 장애인에게 방향 바꾸는 것을 이야기하고 봉사자의 팔을 놓으라고 한 다음 서로 앞으로 얼굴을 마주보면

[그림 4-4] 시각장애인을 대상으로 한 사회봉사활동

NOTE

NOTE

서 방향을 바꾸고 난 후 다시 팔을 잡도록 한다.

문이 닫혀진 곳에서는 봉사자가 문을 열어 주거나 또는 장애인의 손을 손잡이에 갖다 대주어 장애인이 직접 문을 열도록 한다. 그리고 나서 안으로 안내를 해준다.

회전문이 있을 때에는 문이 어느 쪽으로 열리는지를 말해 주어야 한다.

③ 길 안내

길에 대한 정보를 알려줄 때는 가능한 한 숫자를 사용해서 위치를 정확하게 구체적으로 설명한다. 뿐만 아니라 길의 모든 상황을 자세히 설명하며 특히 도로상태, 도로에 설치되어 있는 것, 안전을 위협할 수 있는 위험한 것들을 상세히 설명해 준다.

시각장애인이 길의 방향과 장소를 물을 때는 장애인이 서있는 위치에서 전, 후, 좌, 우 그리고 몇 m, 몇 걸음인가를 가르쳐 준다. 특히 여기, 저기 하면서 손가락으로 가르키지 않도록 주의한다.

④ 식당에서

식당에서 메뉴를 결정할 때는 장애인에게 다양한 메뉴와 가격을 읽어준다. 장애인이 혼자서 먹기 어려운 음식을 선택하려 한다면 주문을 하기 전에 미리 장애인에게 설명을 해주어 서 장애인의 메뉴 선택의 폭을 넓게 해준다.

주문한 음식이 도착하면 장애인에게 음식에 대해 설명해 준다. 그 다음부터는 장애인이 질문을 할 때에만 설명해 준다.

주문한 음식에 이상한 것이 들어 있거나 또는 장식용 재료가 들어 있을 수도 있는데 이를 상세히 설명하여 주의하도록 한다.

(3) 청각 & 언어장애인

NOTE

① 언어장애인과 의사소통시

- 장애인의 얼굴과 눈을 서로 마주보고 대화에 충분한 주의를 기울여야 한다.
- 소란스러운 장소에서는 서로 가까이 앉는다.
- 장애인의 말이 완전하게 끝날 때까지 기다린 다음 봉사자는 천천히 정확하게 말을 한다.
- 장애인이 오랫동안 이야기 할 때는 봉사자가 고개를 끄덕이거나 간단한 말을 하여 여전히 경청하고 잘 이해하고 있음을 알려 주어야 한다.
- 장애인이 말하는 것이 힘들어 보일지라도 본인이 말하고자 하는 것을 다할 때까지 봉사자는 기다려 준다.
- 장애인의 말을 완전히 이해할 수 있을 때까지 잘 듣고 봉사자가 임의대로 추측하지 않도록 한다.
- 언어장애인과 원활한 의사소통을 위해서는 조용한 장소가 필요하다.

② 청각장애인과 의사소통시

- 구화법을 모르는 청각장애인들에게 몸짓이나 얼굴표정은 의사소통에 매우 유용하다.
- 청각장애인과 의사소통을 할 때 얼굴이나 눈 등을 가리는 색안경, 챙이 큰 모자 등은 사용하지 않는 것이 좋다.
- 입 모양이 잘 보일 수 있도록 해야 하는데 머리를 흔들거나 지나친 얼굴표정을 짓지 않도록 한다.
- 청각장애인에게 글을 쓸 때는 필체에 유의하고 글 외에도 지도, 도표, 그림 등을 이용하는 것이 좋다.

NOTE

- 청각장애인이 내용을 읽고 있는 동안 표정을 잘 관찰하여 장애인이 내용을 이해하고 있는지를 확인한다.
- 구화가 가능한 청각장애인일 경우 말끝을 흐리지 않도록 유의하고 적당히 크면서, 약간 느린 속도로, 분명한 입 모양으로 간결하게 이야기 한다.
- 새로운 주제에 대해 말하고자 할 때는 얼마간 시간간격을 두고 이야기한다. 문장과 문장사이에도 시간간격을 두도록 한다.

(4) 정신지체장애인

정신지체장애인의 발음이 명확하지 못하고 단어선택이 미숙하더라도 봉사자는 끝까지 주의 깊게 들어서 장애인이 전달하고자 하는 의사를 정확하게 파악해야 한다.

봉사자는 분명한 발음으로 천천히 그리고 장애인이 이해하기 쉬운 단어를 선택하여 본인의 의사를 표현해야 하고 필요하다면 얼굴표현, 몸짓 등의 비언어적 행동으로 장애인의 이해를 도울 수 있다. 정신지체장애인에게 무조건 반말을 하거나 나이 어린 사람으로 대하지 않도록 주의하며 생활연령에 맞는 존칭어를 사용해야 한다.

새로운 것을 가르쳐 줄 때는 정신지체장애인이 습득할 수 있을 때까지 천천히 그리고 반복해 주어야 한다.

식당에서 정신지체장애인이 글자를 읽지 못할 때는 봉사자가 대신 메뉴를 읽어주는 것이 좋으며 가능하다면 글자로만 되어있는 메뉴보다는 그림메뉴를 보면서 스스로 선택할 수 있도록 해주는 것이 더 바람직하다.

5) 봉사활동사례

(1) 장애아동 야유회

- 목적 : 장애아동을 초청하여 집단적인 야외활동을 함으로서, 장애아동에게는 즐거움을 주고 참가봉사자는 장애인에 대한 편견을 타파하여 우리의 이웃으로 살아가는데 불편함이 없도록 사회적인 환경을 만드는데 동참하도록 한다.
- 대상자 : 장애아동
- 필요자원 : 인적자원－자원봉사자, 레크레이션 강사
  물적자원－점심 및 간식, 입장료, 진행비
- 중점활동 : 명승지 또는 놀이공원 등과 같은 위락시설 관람
  레크레이션 및 선물 전달
- 계획 : 준비단계－장애아동 야유회 계획을 세운다.
  장애인에 대한 전문인사를 초빙하여 장애가 발생하는 원인, 유형, 현황, 문제점, 장애인과의 대화방법 등에 대한 강의를 들음으로서 사전지식을 갖는다.
  장애아동시설을 방문하여 대상, 시기, 일정 등을 협의한다.
  실행단계－적당한 시기와 일정계획에 따라 실시한다.
  봉사원과 장애아동을 1인당 1명씩 배치되도록 한다.
  장애정도에 따라 놀이시설 이용을 한다.
  레크레이션 등을 실시한 뒤 귀원 또는 귀가한다.

NOTE

NOTE

- 계획 : 평가단계 – 진행상의 문제점 및 애로사항에 대해 봉사자들의 설문을 받는다.
  장애아동시설 담당자와 의견을 교환하고 차기 프로그램에 반영한다.
- 기대효과 : 장애아동에게 재활의 의지와 밝은 인성을 갖도록 유도한다. 장애인을 이해하고 도움을 준다.

(2) 낭독봉사

- 목적 : 시각장애인들의 학습연마에 도움을 주고 삶의 의욕을 불어 넣어 주기 위함이다.
- 대상자 : 시각장애인
- 필요자원 : 인적자원 – 자원봉사자
  물적자원 – 녹음시설, 녹음테이프, 도서
- 중점활동 : 시각장애인용 녹음테이프 녹음 및 복사배포
- 계획 : 준비단계 – 낭독 자원봉사자를 모집하여 기본적인 아나운싱 교육을 실시한다.
  시각장애인단체 및 개인과 협의하여 낭독할 도서자료를 수집한다.
  녹음시설을 준비한다.
  실행단계 – 아나운싱 교육을 이수한 자원봉사자들에게 녹음실 사용계획을 수립하여 도서낭독 녹음을 실시한다.
  테이프를 수요처에 따라 복사하여 배포한다.
  가능한 많은 종류의 녹음을 한다.
  평가단계 – 진행상의 문제점 및 애로사항에 대해 봉

사자들의 의견을 받는다.
시각장애인과 의견을 교환하고 차기 녹음시 반영한다.

- 기대효과 : 자원봉사자의 시간적 제약없이 수시로 봉사를 실시할 수 있다.
시각장애인을 이해하는데 도움이 된다.
봉사자 스스로에게도 독서 및 정보 입수의 기회가 된다.

NOTE

6 정신장애인의 특성과 사회봉사활동지침

1) 정신장애인의 특성

정신장애인은 장애인복지법에서 "정신적 장애로 인해 일상생활의 유지를 스스로 하기 힘들고 주위의 도움을 필요로 하는 만성 · 중증 정신질환자"를 의미한다. 만성 · 중증 정신질환자란 정신분열병, 분열－정동장애, 조울증 및 주요 우울증과 같은 만성적이고 심한 주요 정신질환에 이환되어 있는 환자로서, 질병으로 인해 일상생활 및 사회적 · 직업적 기능의 장애가 있는 사람들을 지칭한다. 만성 정신질환자의 특성들은 다음과 같다.

첫째, 사소한 스트레스에 부딪혀도 정신병리을 현상을 보일 수 있어 스트레스에 대한 취약성이 높다.

둘째, 사회보장체계에서 도움을 받는 방법 또는 생활비를 마련하거나 교통수단을 이용하는 방법, 식사를 준비하는 방법,

NOTE

세탁하는 방법 등 생존에 필요한 기술이 결여되어 있다.

셋째, 자신을 무력하다고 여기기 때문에 가족이나 정부 또는 시설로부터 많은 지원을 필요로 하며 지원이 중단되면 다시 정신병리가 악화될 수 있어 자립생활에 취약하고 사회적 지원에 대한 의존성이 높다.

넷째, 보호와 지도를 받으면서 기술을 익힐 때는 작업에 어느 정도 적응할 수 있으나, 혼자만의 작업을 부여받거나 경쟁관계 속에서 일을 할 때는 직무수행과정에서 생기는 스트레스를 스스로 처리하는데 취약하여 정신병리가 악화되어 직업을 유지하기 어렵다.

다섯째, 대부분은 타인과 긴밀한 관계를 유지하는데 어려움을 느낀다.

2) 정신장애인을 위한 사회봉사활동의 필요성

만성 · 중증 정신질환자들을 치료하기 위해서는 이들이 가지고 있는 생물 · 심리 · 사회적 취약성으로 인한 한계를 인정하고 지역사회 내에 이들의 요구에 부합하는 통합적이고 포괄적인 서비스 내용 및 관리체계를 갖추어져야 한다. 이에 미국 국립정신건강연구소(NIMH)는 1977년 만성 정신질환자들에게 지역사회 중심의 서비스를 제공하기 위한 Community Support Program(CSP)을 시작하면서 재정지원을 시작하였다. CSP의 목표는 전통적인 지역사회 정신보건에서 소홀하게 취급되어 온 만성 정신질환자들에 대한 치료를 향상시키고 재활을 촉진시키기 위한 것이다. CSP의 필수요소로 10대 지역사회지지체계가 제시되고 있는데, 찾아가는 서비스, 사례관리, 심리사회 및 직업재활서비스, 주거재활서비스, 의료서비스, 생존을 위한 사회보장서비스, 클라이언트 권리보호, 자문 및 옹호, 24시간 위기개입, 정신건강유지를 위한 치료서비스 등이 그것이다.

이와 같이 정신질환자를 효과적으로 보호하고 재활을 촉진하기 위한 지역사회정신보건정책의 방향은 WHO에서 전 세계적으로 권장하는 사항이다. 우리 나라에서도 1995년 정신보건법을 제정하면서 지역사회에서 정신장애인의 사회복귀와 통합, 재활을 지원하기 위한 지역사회정신보건센터, 사회복귀시설을 정신보건시설로 규정하고 국가적으로 지원하고 있다.

그러나 현재, 우리 나라의 현실은 NIMH에서 제시한 것과 같은 충분한 지역사회보호체계가 확립되어 있지 않고, 정신질환에 대한 사회적 편견의 장벽이 높으며, 이들의 지역사회 생활에 필수적인 지역주민의 수용과 이해, 지원과 같은 지역주민의 자발적 참여와 봉사가 부족하여 환자는 물론 보호자도 사회로부터 고립되고, 사회적 기능이 약화되면서 재발을 반복하는 문제가 여전하다. 이처럼 정신장애인이 효과적으로 지역사회에 통합되고 질병을 잘 관리하면서 재활할 수 있도록 돕기 위한 지역사회정신보건사업이 성공하려면 자원봉사를 주민의 자발적 참여와 지원, 편견을 넘어선 이해와 수용이 필수적이다. 지역사회정신보건사업에 대해 자세히 알고 싶으면 www.mentalhealth.kihasa.re.kr을 방문하면 다양한 정보를 제공받을 수 있다.

3) 정신장애인을 위한 사회봉사활동

미국의 지역사회정신보건사업을 살펴보면 지역주민의 자원봉사를 구체적이고 적극적으로 활용한 "이웃 만들기 모델(community worker model)"이 있다. 이는 지역주민에게 정신장애에 대한 기본적인 지식만 교육시킨 후 이웃에 사는 정신장

NOTE

NOTE

애인에게 지지적인 서비스를 제공하도록 하는 모델이다. 이 모델에는 유급과 무급의 두 가지 형태가 있다. 이 모델의 특징은 이웃 만들기이다. 이는 지역사회주민으로 하여금 정신장애인과 일상적이고 자연스러운 관계를 맺도록 도와주면서 정서적인 지지를 제공하면서 정신장애인이 일반주민과 화합하고 지역사회주민의 일원으로 살아갈 수 있도록 도와주고자 하는 것이다. 지역주민의 구체적인 지지제공에는 정신장애인이 지역사회정신보건센터를 이용할 수 있도록 교통수단을 제공하거나, 약물복용을 하고 있는지 점검하면서 일상생활 속에서 생활수행방법의 모범을 제시하면서 지원해주는 방법이다. 필요에 따라서는 일상생활에 필요한 훈련을 직접 제공해주기도 하여 이들을 "미니 사례관리자"라고도 부른다(양옥경, 1996, 재인용).

이러한 이웃 만들기 모델은 우리 나라에서도 양옥경이 중심이 되어 전문가들과 협력하여 정신보건에 관심이 있는 관련 전공(정신의학, 정신간호학, 임상심리학, 사회복지학) 대학생을 모집하고 훈련하여 결성한 지역사회정신건강자원봉사단(CMHV : www.cmhv.or.kr)에 의해서 부분적으로 실천되었다. 비록 자원봉사자들이 협의의 이웃주민은 아니지만 정신보건센터에 등록된 정신장애인이 생활하는 가정을 찾아가 그 자녀들을 대상으로 학습지도를 해주거나 언니, 형되기 운동을 실천한 것이 그 사례가 될 수 있을 것이다. 또한 친구되기 운동으로 정신장애인과 함께 하는 다양한 여가활동으로 정신장애인의 지역사회적응을 돕고 있다.

현재 우리 나라에서 시도되고 있는 정신장애인을 위한 사회봉사활동을 살펴보려면 정신보건 영역을 중심으로 살펴보는 것이 용이하다. 정신보건 영역에는 정신질환의 치료를 위한 정신의료기관과 위에서 살펴본 지역사회생활적응과 재활을 위한 지역사회정신보건기관으로서 지역사회정신보건센터와 사회복귀시설, 주거와 요양 및 재활을 목적으로 하는 정신요양시설 등이 있다. 각 영역별로 이루어지는 사회봉사활동을 살펴보면 다음과 같다.

NOTE

① 정신의료기관과 사회봉사

정신질환의 효과적 치료를 목적으로 하는 정신의료기관에는 특수병원으로 분류되는 정신병원, 대학병원이나 종합병원의 정신과, 정신과의원, 각급 정신의료기관에 설치된 낮병원 등이 있다. 망상과 같은 사고장애, 환청, 환시와 같은 지각장애, 심각한 우울이나 조증상태와 같은 기분의 기복이 심한 기분장애, 충동조절장애 등의 증상이 나타나면 일상생활의 기능수행에 문제를 초래하고 자신이나 타인에게 위해가 될 가능성도 높아지기 때문에 폐쇄병동에서 집중적인 입원치료를 하게 된다. 폐쇄병동 안에서의 입원치료 기간은 보통 3~4주에서 길게는 6개월까지 지속될 수 있다. 친근한 환경을 벗어나 폐쇄적인 치료적 환경에 적응하기 위해서는 음악, 미술, 연극, 춤, 운동, 종이접기, 레크레이션 등을 활용한 다양한 집단 활동이 필요하다. 이러한 집단 활동은 무료한 병실생활에 활력이 되기도 하고, 자신의 감정과 생각을 자유롭게 표출할 수 있는 시간이 되어 치료적 효과도 높다. 정신의료기관에서 자원봉사자는 자신의 특기를 활용하여 이러한 활동 프로그램을 진행하는 역할을 수행하게 된다. 한편 퇴원 후 낮에만 병의원에 참여하여 치료진에 의해 잔여증상을 관리하고 지역사회복귀에 필요한 심리사회적 치료서비스를 제공하는 낮병원의 경우에도 지역사회 적응과 질병관리에 도움이 되는 다양한 집단 활동을 위해 자원봉사자의 참여가 매우 필요하다. 자원봉사활동은 위에서 제시

NOTE

[그림 4－5] 정신장애인을 대상으로 한 사회봉사활동

한 다양한 활동요법뿐 아니라 지역사회의 여러 기관(관공서, 은행, 박물관, 미술관 등)과 지역사회참여활동(대중교통수단 이용, 여행, 자원봉사 등)을 지원해주기 위해 현장에 함께하는 활동을 할 수 있다.

② 지역사회정신보건센터

정신보건센터는 지역사회정신보건사업을 1차적으로 실시하는 전문기관이다. 1995년 서울시 강남정신보건센터를 필두로 2004년 현재 60여개의 정신보건센터가 전국적으로 운영되고 있다. 정신보건센터는 정신장애인의 발굴과 치료적 연계 및 사례관리, 지역사회적응과 재활을 도모하기 위한 주간보호사업, 지역사회정신건강에 대한 교육과 조사 등을 주요 사업으로 한다. 이곳에서 할 수 있는 자원봉사활동은 다양한 집단활동 지도, 지역사회적응을 돕기 위한 다양한 지원서비스(다양한 현장동행, 행사지원 등), 가정방문을 통한 사례관리, 문서수발 및 자료정리 등의 봉사활동을 할 수 있다. 지역사회정신보건센터 사업을 잘 이해하려면 www.seoulmind.net에서 자세한 정보를 제공받을 수 있다.

NOTE

③ 사회복귀시설과 사회봉사활동

사회복귀시설은 정신보건시설의 하나로 정신보건법에서 정신장애인의 사회복귀 촉진을 위한 훈련을 행하는 시설로 규정하고 있다. 2004년 현재 약 100 여개의 시설이 전국적으로 운영되고 있으며, 운영형태는 주로 이용시설이지만 주거형 사회복귀시설도 있다. 사회복귀시설은 주로 만성 · 중증 정신장애인을 대상으로 그들의 사회복귀와 재활을 지원하고 있다. 이에 따라 일상생활기술훈련, 사례관리, 직업재활, 지원교육 등 다양한 정신사회재활서비스를 제공하고 있다. 이곳에서의 자원봉사활동은 다양한 집단 활동 지도, 지역사회적응을 돕기 위한 다양한 지원서비스(다양한 현장 동행, 행사지원 등), 가정방문, 취업장 방문을 통한 사례관리, 문서수발 및 자료정리 등의 봉사활동을 할 수 있다. 사회복귀시설에 대한 자세한 정보를 얻으려면 사회복귀시설협의회(www.kpr.or.kr)를 방문하면 도움이 된다.

④ 정신요양시설과 사회봉사

정신요양시설은 해방 이후 전쟁고아나 부랑인을 수용하던 사회복지시설이 정신요양시설로 전환된 경우와 1983년 대중매체를 통해 무허가시설에서의 정신질환자에 대한 비인권적 실태를 보도한 뒤 취해진 양성화 조치에 의해 사회복지시설화 경우의 두 가지 뿌리가 있다. 1997년 정신보건법의 시행 이후 정신요양시설은 정신보건시설로 분류되어 정신보건법과 사회

NOTE

복지사업법, 두 법의 적용을 받는 사회복지시설이 되었다. 2003년 9월말 현재 전국적으로 55개소의 정신요양시설이 있다. 이 중 가장 작은 시설이 충남의 수정원으로 49명이며, 가장 큰 시설은 경기도에 소재하고 서울시로 분류되고 있는 서울정신요양원으로 640명이다.

현재 정신요양시설에 거주하는 입소경위는 세 유형으로 나누어지는데, 국민기초생활 수급권자나 영세민 가정에서 환자가 발생하여 행정기관을 경유하여 입소하는 경우, 보호자로부터 유실, 유기, 이탈된 경우인 무연고 환자들, 가족이 직접 시설을 방문하여 자비로 입소를 의뢰하는 경우이다. 그 중 가장 보편적인 경우는 가족이 보호의무자가 되어 입소하는 경우로 처음에는 약 73%가 가족의 동의로 입원하게 된다(보건복지부, 2002). 그러나 장기간의 시설보호와 가족의 부담 등으로 인해 정신과전문의에 의해 퇴소명령을 받은 경우에도 가족으로부터 유기되어 퇴소하지 못하는 경우가 많다.

이처럼 정신요양시설은 다른 정신보건시설에 비해 정신장애인이 장기간 수용 · 보호되고 있으며, 가족과의 단절과 퇴원 이후의 지역사회 서비스체계의 미확충으로 퇴원을 예측하기 어려워 평균 3년 이상 장기간 시설에서 보내는 정신장애인이 많은 것이 특징이다. 장기 수용으로 인한 시설화(institutionalization)가 우려됨에 따라 정신요양시설의 서비스 향상을 위해 보건복지부에서는 정신요양시설 평가를 3년에 1번씩 실시하고 있다. 평가기준에서는 정신장애인을 위한 환경 치료적 접근과 재활지원서비스를 반드시 실천하도록 하고 있어 대부분의 정신요양시설이 다양한 재활프로그램을 운영하고 있다. 정신요양시설의 집단프로그램 운영유형과 자원봉사활용 형태를 살펴보면 다음과 같다(보건복지부, 2001).

정신요양시설의 프로그램은 집단활동 프로그램, 교육프로그램, 재활프로그램, 작업치료 프로그램, 직원운영 프로그램 등이 있다. 집단활동 프로그램의 종류 중 가장 많이 실시한 프로그램은 사회교육 프로그램이고, 그 다음으로 시설행사 프로그램이 있다. 교육프로그램에서는 약물증상 교육이 가장 많았으며, 그 다음으로 컴퓨터 교육, 가족교육이 많았다. 재활프로그램에 있어서는 사회적응 훈련이 가장 많았으며, 그 다음으로 일상생활기술훈련이 많았다. 작업치료 프로그램은 주방일, 세탁, 청소, 영농, 경비, 매점, 심부름 등이었다.

모든 요양시설에서는 자원봉사자를 활용하고 있으며, 자원봉사자 참여 유형은 단체로 참여하는 경우가 2000년에 44.0%, 2001년에 48.0%로 가장 많았다. 주 자원봉사자는 중 · 고등학생이 74.0%로서 가장 많았다. 자원봉사자의 담당 업무는 전문기술 기능 활동 중 이 · 미용서비스가 76.0%로 가장 많았고, 프로그램 진행이 74.0%, 행사보조가 68.0% 순이었다. 자원봉사자를 활용하는 목적은 '다양한 서비스 제공 및 프로그램 활성화' 가 74.0%로서 가장 많았다. 정신요양시설[3]에서의 자원봉사자 활용은 시설입소자에 대한 서비스를 향상시킬 수 있고 시설의 개방화에 큰 몫을 할 수 있다는 점에서 정신요양시설의 운영을 위하여 적극적으로 활용되어져야 할 부분이다. 그러나 현재 자원봉사자 중 74.0%가 중고등학생의 단체방문봉사이라면 자원봉사자의 활용목적과는 거리가 있어 보인다. 대학에서 정기적인 봉사참여로 프로그램 활성화에 기여할 필요가 높다고 보겠다.

NOTE

[3] 정신장애인요양시설에 관한 구체적인 정보를 얻으려면 한국정신장애인요양시설협회를 방문하면 된다. 서울 마포구 공덕동 사회복지회관에 위치해 있으며, 연락처는 02-719-0582이다.

NOTE

4) 정신장애인을 위한 봉사활동의 기술적 방법

(1) 사회봉사활동수칙

① 기관의 목적과 사업내용을 올바로 이해하고 봉사에 임한다.

② 기관에서 필요로 하는 봉사활동을 하여야 한다.

③ 정신장애인에 대한 편견이나 선입견을 극복하려는 노력과 인간존중에 대한 가치를 실천한다. 정신장애의 병리적 특성이 흥미롭다고 하여 흉내내거나, 증상을 장난스럽게 대하는 행동은 하지 말아야 한다. 정신장애가 있더라도 건강한 부분과 민감한 인격이 있음을 인정하고 이를 존중하고, 가능한 건강한 부분에 초점을 맞추어 봉사활동 을 한다.

④ 정신장애인을 이해하도록 노력하고, 사생활을 존중한다.

⑤ 봉사활동을 통해 알게 된 정신장애인 개인 신상에 대한 자료에 대해 비밀을 보장한다.

⑥ 정신장애인과 개별적 친분관계를 유지하는 것은 자원봉사활동의 목적과 맞지 않으므로, 정신장애인이 봉사자의 개인적인 연락처, 기관 밖에서의 만남을 요구하는 등 사적 관계를 발전시키기 원할 때에는 기관 담당 지도자에게 문의하여 상대방이 상처받지 않는 적절한 방법으로 거절한다.

⑦ 폐쇄병동이나 요양시설과 같이 수용보호 되어 있는 정신보건시설에서 생활하는 정신장애인의 경우 자원봉사자를 통해 지역 내의 가족이나 친지 등에게 쪽지보내기, 전화해주기 등과 같은 연결을 시도할 수 있다. 이때에도 바로

해줄 수 있다고 하지 말고 담당 지도자와 의논하여 처리할 수밖에 없는 자원봉사자의 한계를 알리고 지도자와 의논한다.

⑧ 자원봉사자가 지킬 수 없는 약속(예, 봉사활동기간이 끝나도 계속 만나러 오겠다, 퇴원하면 밖에서 만나자 등)을 하여 정신장애인에게 기대감을 심어주는 것은 부드럽게 거절하는 것보다 더 큰 상처를 줄 수 있으므로 주의하여야 한다. 또한 지킬 수 있는 약속, 예를 들어 봉사활동시간과 계약기간 준수, 봉사활동에서 함께 하기로 합의된 내용에 대해서는 반드시 지키고 일관성 있는 태도로 봉사활동에 임하여 신뢰관계를 발전시킨다.

⑨ 정신장애인과 가족이 사회적 편견으로 받는 고통에 감정을 이입하고 그들에 대한 잘못된 인식을 바로잡으려는 노력과 자세를 항상 견지한다.

(2) 사회봉사자의 자세

① 환자개인의 인격과 개성 존중의 실천으로 진정한 관심과 존중을 표현한다.

② 기관봉사를 통해서 알게 된 정신장애인의 정보에 대해 비밀보장의 원칙을 준수한다.

③ 자신의 이익을 위해 정신장애인이나 기관을 이용하지 않는다.

④ 봉사자로서의 자긍심과 책임성을 가지고 계약기간을 성실히 이행한다.

NOTE

NOTE

(3) 사회봉사활동 사례

〈표 4-2〉 정신보건 영역별 봉사활동의 예

정신보건영역		봉사활동
정신의료기관	폐쇄병동	• 집단활동 프로그램 : 그림, 음악, 댄스 등을 이용한 활동프로그램 진행 혹은 보조
	낮병원	• 집단활동 프로그램 : 신문읽기, 음악, 작문, 그림, 종이접기 등을 이용한 활동프로그램으로 진행 혹은 보조 • 교육프로그램 : 컴퓨터 활용교육, • 지역사회적응프로그램 : 지역사회기관 동행지원, 일상생활훈련보조, 여행, 캠프, 놀이공원 이용 등 여가활동 지원
정신보건센터		• 낮 병원과 유사 • 가정방문 사례 조사 및 사례관리
사회복귀시설		• 낮병원과 유사 • 직업재활프로그램으로 취업장 방문 지원 • 자원동원을 위한 모금 활동
정신요양시설		• 폐쇄병동 프로그램과 유사한 집단활동 프로그램 • 자원동원을 위한 모금활동(톨게이트 모금활동 등)

7 시민단체의 특성과 사회봉사활동지침

NOTE

최근 급속한 성장을 보이고 있는 NGO(Non-governmental organization)에 전세계가 주목하고 있다. 20세기 후반에 들어서 급격한 증가를 계속하고 있는 NGO들은 전지구적인 네트워크를 통하여 단일국가의 행정이나 UN과 같은 국제기구의 정책에 영향력을 행사하고 있다. 우리 나라에서도 다원화된 사회에 대응하는 다양한 형태의 역동적이고 강력한 사회운동이 나타났으며 환경보전, 빈민, 기아대책, 여권신장 등 다양한 이슈들의 공익시민단체의 설립이 급증하여 봉사활동을 위한 주체적 역할을 잘 수행하고 있다(김택, 2000).

또한 NGO들은 자원봉사자의 참여 없이는 존립할 수 없는 특성을 갖고 있으며, 또 자원봉사자들이 가장 많이 활동하는 영역이 NGO이며, 자원봉사활용과 관련하여 프로그램들이 개발될 수 있는 영역이라고 할 수 있다.[4] 우리 나라 자원봉사운동은 시민운동과는 전혀 상관없이 시작되었으나 시민단체들은 사회전반에 확대되는 자원봉사 분위기의 가장 큰 수혜자가 되어가고 있다. 따라서 NGO는 사회봉사의 주체임과 동시에 봉사의 대상이라고 할 수 있을 것이다. 여기에서는 사회봉사의 대상과 분야로서 NGO를 이해하고자 한다.

---

[4] 현재 자원봉사자들을 모범적으로 활용하고 있는 기독윤리실천운동본부의 경우, 10여명의 무급직원이 풀타임으로 활동하고 있다. 이 단체는 업무행정보조 및 단체의 주프로그램인 감시단 운영(유해환경감시단, 공명선거감시단, 의정감시단)을 효과적으로 운영하기 위한 자원봉사자 모집운동을 벌였다. 그 결과 직장 은퇴자, 실직자, 대학을 졸업하고 취직을 준비하는 사람 등 다양한 층의 풀타임 무급직원이 활동을 신청하였다.

NOTE

1) 시민단체의 특성이해

(1) 시민단체의 설립배경

우리 나라의 NGO는 1970년대의 급속한 자본주의화를 통하여 시민사회도 함께 성장하게 되어 권위주의적인 국가권력에 대항하면서 점차 공식적으로 강화되었다. 1980년대 6·29선언과 함께 민주화에 대한 열의와 욕구는 분출되기 시작하였고, 시민사회의 역량이 제고되었다. 이처럼 1970년대와 80년대를 통하여 한국의 시민운동은 학생운동 및 노동운동세력과의 연대를 축으로 한 민주화투쟁을 통하여 상당한 정도의 사회적 지명도와 정체성을 확보하였다. 1990년대 이후부터 한국의 시민운동단체들은 환경분야, 인권분야, 여성운동분야, 사회복지분야 등으로 관심을 돌려 지구적 의제(global agenda)를 핵심과제로 추구하는 NGO로 변신을 모색하면서 발전을 지속하고 있다(이원웅, 최창현, 2000).

(2) NGO의 정의

NGO는 종종 자발적 섹터(Voluntary sector), 비영리 섹터(Nonprofit sector), 제3섹터(The third sector), 독립적 섹터(Independent sector), 시민사회(Civil society) 등과 유사한 개념으로 불리고 있다. 또한 NGO와 NPO(Non-profit organization)에 대한 정의상의 혼돈이 존재하는데, NPO는 비영리추구를 강조하며 NGO의 경우는 비정부적인 특성, 즉 정부에 대한 대체적인 기능을 강조하고 있다. 여기에서는 NGO와 NPO를 구분하지 않고 사용하고자 한다. NGO에 대한 다양한 정의들 가운데 김영래(1998)의 정의를 살펴보면, 첫째, NGO는 정부의 조직과는 무관하게 사적으로 조직된 비정부(non-governmental), 비국가(non-state)적, 비당파적(non parisian) 행위자이다. 둘째, 개인들의 자발적 참여에 의하여 활동하는 비영리조직(Non-profit organization)으로서 환경보호, 인권보호, 난민구호, 개발지원, 소비자보호, 경제정의 등과 같은 공공선(public goods)실현에 관심을 갖고 있다. 셋째, 압력단체로서의 성격을 지니고 있으며, 정치적 참여를 유도한다. 넷째, NGO들은 억압적 또는 권위주의적 정치체제를 민주정치체제로 변화시키려는 활동을 하고 있으며, 시민사회(civil society)의 주축이 되고 있다. 다섯째, NGO는 풀뿌리(grassroots)조직의 성격을 가지며 또한 자율성과 독립성을 가진다. 이러한 특성을 토대로 볼때, NGO는 '공공문제의 해결 또는 공익추구를 위하여 시민들의 자발적인 참여와 지원을 기초로 하여 형성된 비정부적, 비영리적인 조직체' 로 정의할 수 있을 것이다.

(3) NGO의 역할 및 기능

NGO의 역할 및 기능에 대한 다양한 논의들을 종합해 보면 크게 두 가지로 나누어 볼 수 있다. 첫째, 견제적 기능으로서 시장에서의 영리단체의 독점적인 시장지배력과 정보의 비대칭성(information asymmetry) 또는 불완전성과 협상력 부재에 따라 영리단체의 권익보호문제가 부각됨으로써, 조정자의 기능 및 힘의 균형을 유지하기 위한 NGO의 역할은 증가하고 있다. 또한 정부의 정책독점과 예산의 낭비, 그리고 조직비대화를 견제하기 위하여 NGO는 정부시책에 대한 비판과 대안제시를 시도하고 있다(정동근, 2000). 둘째, 보완적 기능으로서 사회적

NOTE

NOTE

수요가 존재하나 시장실패와 정부실패로 인해 시장이나 정부와 같은 제도부문이 이를 충족시키지 못하는 경우 NGO는 시장과 정부를 보완하는 역할을 수행하게 된다. 또한 NGO는 정부의 지원을 통하여 활동에 필요한 자원의 획득과 이를 통한 활동영역의 확대가 가능하게 되는 반면에, 정부는 NGO를 활용하여 복지 및 환경관련 공공서비스나 정보창출이 가능하다.

(4) 우리 나라 NGO의 현황

우리 나라의 NGO는 서구에 비하면 질적 · 양적 측면에서 미흡한 부분이 많으나, 짧은 역사에 비하면 많은 분야의 전문적인 NGO들이 자생적으로 괄목할 만한 성장을 가져왔다고 볼 수 있다. 최근 몇 년사이 시민단체들이 숫적으로 대폭 늘어난 것은 우리 사회의 정치 · 경제적 이유 외에 사회전반에 확장된 자원봉사의 분위기 때문임을 부인하기 어렵다. 시민 자원봉사의 확산은 시민단체의 기존 운동방향에 지대한 변화를 초래하고 있다. 과거 엘리트 · 상근 간사 중심의 운영을 반성하고 회원 및 자원봉사자 중심으로 인력구조를 바꾸자는 논의를 일으키고 운동방향 역시 정치 · 경제개혁과 같은 이슈에서 환경 · 소비자 문제 등과 같은 생활 이슈를 더 많이 다루자는 주장들을 강하게 부각시키고 있다. 다음의 〈표 4-3〉은 우리 나라 NGO들의 활동유형별 분포를 나타낸 것이다. NGO의 활동은 주로 시민운동, 사회서비스, 문화예술 영역에 집중되어 있어서 전체의 59.5%를 차지하고 있다.

〈표 4-3〉 활동유형별 우리 나라 NGO 현황

분야구분	빈도수	백분비
시민사회	1013	25.2
지역자치	222	5.5
사회서비스	743	18.5
환 경	287	7.1
문 화	634	15.8
교육/학술	235	5.8
종 교	107	2.7
노동/농어민	217	5.4
경 제	501	12.5
국 제	44	1.1
기 타	20	0.5
합 계	4023	100

*출처 : 남궁근(2000).

NOTE

2) 시민단체의 봉사활동분야 및 내용

시민단체의 시민에 의한 시민을 대상으로 하는 봉사활동영역과 내용은 매우 광범위하다. 전문지식이 요구되지 않는 업무보조, 단기적으로 다수의 인원이 필요한 캠페인이나 이벤트 지원, 자료정리에서부터 정책활동, 상담활동 등 상당한 수준의 전문성을 요하는 업무를 담당하고 있다. 또한 시민단체들은 설립목적에 따라 공익단체, 직능단체, 기타 선교, 학술, 보훈, 친목 등 매우 다양하다. 시민단체의 활동영역은 시민사회, 지역자치, 사회서비스, 환경, 문화, 교육/학술, 종교, 노동/농어민, 경제, 국제 등으로 분류할 수도 있다.

이처럼 봉사활동 영역이 과거에 비하면 매우 다양화되고 있지만 앞으로는 재난구호와 범죄예방 등의 지역사회활동, 교통과 환경, 보건과 의료, 문화예술과 스포츠 및 레크리에이션, 또

NOTE

한 국제구호와 개발도상국 지원 등 국제사회 영역에까지 자원봉사자의 활동범위를 확대시키고 전문 봉사활동도 더욱 활성화될 필요가 있을 것이다.

시민단체의 봉사활동을 분야별로 구체적으로 살펴보면 다음과 같다.

(1) 환경보전 · 교통개선을 위한 봉사활동

환경관련 시민단체들은 환경보호를 위한 활동을 한다. 환경보전을 위한 활동에는 산 · 강 · 공원 · 도로의 쓰레기 줍기, 벽의 낙서나 벽보 없애기, 쓰레기 분리수거, 환경 캠페인에 참가하여 환경보전의 중요성을 알리는 일, 환경감시원으로서 대기오염이나 수질오염을 측정하고 감시하는 일, 매연차량 감시활동과 신고, 환경모임을 조직하고 이끌어 가는 일, 환경파괴가 우려되는 댐 건설 및 간척사업 중지를 위한 활동 등이 있다.

[그림 4-6] 지역사회에서의 사회봉사활동

교통분야의 교통문제 개선을 위한 활동은 혼잡시간 교통정리 및 행사교통정리와 교통위반감시, 교통안전 캠페인과 같은 교통안전을 위한 활동과 사랑의 차 함께 타기 운동 및 긴급구조봉사대, 장애 · 노약자를 위한 교통봉사단 결성 · 지원 등과 같은 수송 활동에 참여하는 방법이 있다. 또한 교통환경 개선활동과 제도개선 및 개발참여, 그리고 교통 모니터 활동 등 보다 전문적인 역할을 할 수도 있다.

- 주요단체들 : 녹색연합, 환경운동연합, 녹색교통운동, 교통문제를 연구하는 시민의 모임, 교통문화 정착을 위한 시민의 모임 등

(2) 교육 · 스포츠 · 취미 분야에서의 봉사활동

교육관련 시민단체들은 교육문제 해결을 위한 활동을 하는데 교육분야의 봉사활동은 앞으로 점차 그 영역이 확대될 전망이다. 교육예산을 확보하기 위한 활동, 보조교사, 학습부진아나 병원입원 등으로 장기 결석한 학생을 위한 개별 학습지도, 서예 · 컴퓨터 · 에어로빅과 같은 예 · 체능이나 특별활동의 자원교사, 도서관의 사서보조로 도서대출이나 도서관리를 도와주는 일, 급식이나 청소를 도와주고 학교행사에 참여하여 도와주는 일 등이 있다. 이 외에도 진로상담, 개인문제 상담 등 카운슬러로서 활동한다.

스포츠나 여가선용 분야에서는 심판관, 레크리에이션 지도자, 어린이 놀이터의 감독, 그리고 수공예 · 게임 · 취미 및 무용 등의 자원교사로서 활동할 수 있다. 봉사자들은 일일캠프나 숙박캠프의 지도대원으로서 점점 더 많이 활동하고 있다. 그리고 병원 · 사회복지 시설이나 기관 · 학교 · 지역사회의 행사에

NOTE

NOTE

참여하여 레크리에이션 지도를 할 수도 있다. 그리고 수영 · 축구 · 에어로빅 · 볼링 등의 지도자로 활동할 수 있다. 한편 봉사자들은 종교단체의 지도자나 청소년단체의 자문위원으로서 활동하고, 특수한 기능훈련을 돕기도 한다.

- 주요단체들 : 참교육을 위한 전국학부모회, 야학협의회, 교육개혁자치시민회, 참교육시민모임, 자유학교를 준비하는 모임 등

(3) 정치 · 경제분야에서의 봉사활동

정치관련 시민단체들은 바른 정치를 이루기 위한 활동을 한다. 먼저 공명선거 풍토를 조성하여 새로운 정치문화를 만드는데 기여할 수 있다. 공명선거 감시활동과 선거관리 업무지원 등은 봉사자의 중요한 역할로 자리잡게 되었다. 정치영역에서 봉사자는 지역사회 정치를 감시 · 지원하고, 지방정부사업에 참여하는 활동을 할 수도 있다. 지방의회의 의정 활동을 감시하고 지방정부의 사업을 감시하는 모니터활동은 중요한 봉사활동 영역으로 부각될 것이다. 또한 지방정부 주도의 복지 프로그램, 공중보건시설, 환경미화, 재개발 계획 등에 참여하거나 지방자치단체장이나 정치지도자의 일을 보조할 수도 있다.

경제관련 시민단체들은 경제 민주화 실천을 위한 활동을 한다. 지방자치단체에 대한 행정감시활동, 납세자의 권리보호운동 등을 통하여 예산 낭비를 감시하는 활동, 실업자와 기술이 없는 사람을 모집하여 훈련을 시키고 직업을 알선해 주는 활동 등을 한다. 또한 은퇴한 사업가들이 젊은 구직자들을 위하여 상담자로서 도와주고 훈련받을 기회를 베풀어 주는 일은 저소득 지역에서 매우 유익한 활동이 될 수 있을 것이다. 한편 많은

봉사자들이 소비자보호운동이나, 농산물 직거래 운동, 그리고 경제정의를 위한 시민운동 등에 참여하여 활동하고 있다.

- 주요단체들 : 경실련, 참여연대, 정치개혁시민연대, 인간성 회복운동 추진협의회, 한국여성정치연맹, 녹색소비자연대, 한국소비생활연구원, 우리농산물살리기운동본부 등

(4) 교정 · 범죄예방 · 인권을 위한 봉사활동

교정분야에서 봉사자는 비행청소년과 성인범죄자의 문제에도 참여하고 있으며 법정 후견인, 상담보조원의 기능을 수행하기도 한다. 또한 사회에 복귀하기 위해 노력하고 있는 사람들을 지원하고 그들이 부당한 처분을 받았을 때 정당하게 항의할 수 있도록 도와주고 있다.

선진국들은 오래 전부터 범죄예방 및 범죄자 선도분야에 봉사자들이 적극적으로 참여하여 많은 효과를 거두고 있다. 범죄예방과 계도를 위한 활동으로 경찰관을 보조하여 우범지역 방범순찰 활동을 할 수 있으며, 우범소년 선도 및 결연, 범죄예방을 위한 홍보활동 등을 할 수 있다.

- 주요단체들 : 청소년 폭력예방재단, 민주사회를 위한 변호사 모임, 한국민주화운동정치범동지회, 고난받는 이들과 함께하는 모임 등

(5) 문화보전을 위한 봉사활동

문화분야에서 봉사자들은 지역사회의 음악, 미술, 저술, 춤, 연극 등 예술활동 분야에서 조언자 및 보조 지도자로 활동한다. 의미있는 취미활동이 될 수도 있는 문화재 보호활동은 봉

NOTE

NOTE

사자들에게 인기 있는 영역으로 고궁 · 성곽 등 사적지나 사찰 · 향교 · 서원, 민속마을 등 봉사활동이 가능한 문화재는 전국에 모두 2천 5백 11곳이 있다. 활동방법은 문화재 주변 청소 · 잡초제거, 안내판 바로 세우기와 문화재 주변 환경보호에 이르기까지 다양하다. 또 관람객의 질서유지와 안내를 맡고 사적지내 취사 · 낙서행위를 감시하며, 문화재 점검도 중요하다.

- 주요단체들 : 한국민족예술인총연합, 또 하나의 문화, 시민문화발전모임, 열린문화운동시민연합, 푸른주민문화센터, 청년정보문화센터 등

3) 봉사활동사례

(1) 하나원 프로그램

- **참가인원** : 5~15명(매주 주말 경기도 소재 탈북동포 적응교육시설 방문봉사)
- **목적** : 하나원 정규교육 외에 보조적으로 필요한 틈새교육과 여가선용활동을 실시하고 아울러 비공식적이고 친화적인 파트너가 되어 줌으로서 하나원에서의 적응교육의 효과를 제고하고 퇴소 후 정착생활에 도움을 받을 수 있는 연결고리를 형성한다. 즉, 지속적 방문과 접촉을 통하여 형성된 신뢰관계를 바탕으로 퇴소 후에 사회적 연계망 구축에 기여한다(한겨레 통합교실 및 가정방문 학습지도 및 상담 · 집들이).
- **구체적인 프로그램** :

① 교육생이 정규 프로그램에서 습득한 기능 또는 학습한 지식을 1대1 지도를 통하여 지속적으로 심화시킨다(컴

퓨터 조작법/영어회화).

한글자판 연습, 한글워드프로그램을 이용한 다양한 형식의 문서 작성, 엑셀, 인터넷 이론 등을 개별적으로 지도한다. 영어기초 및 회화 기초반은 알파벳과 발음 및 일상생활에서 쓰이는 기초적인 단어들을 익히게 하고 고급반은 생활영어회화를 가르친다.

② 비공식적인 개인 및 집단면담을 통하여 우리 사회에 대한 의문을 풀어주고, 교육생들의 정착계획과 진로 설정에 필요한 정보를 제공한다.

주로 토요일 점호 후에 교육생 숙소를 방문하여 자연스럽게 대화하는 가운데 의문을 풀어주고, 고충을 들어주며, 요청이 있을 때 관계되는 자료 및 자료처를 제공한다.

③ 특별활동 : 탈북 주민의 남한 생활을 다룬 비디오 테이프를 수시로 상영하여 실상을 알게 한 다음 토론을 통하여 올바른 삶의 방식을 모색한다. 또한 족구, 축구, 배드민턴, 농구시합 등의 체육활동을 통하여 교육생과 자원봉사자간의 관계를 돈독히 하고 교육생들에게 활력을 심어준다.

(2) 자원봉사자에게 예상되는 역할

① 북한 이탈주민 가정방문(이야기 들어주기, 말벗이 되어 주는 것, 따뜻한 동포애와 인간애를 나누는 것, 탈북자 가정의 고충과 해결되어야 할 문제들을 파악)

② 자원봉사자가 할 수 있는 범위에서의 봉사적 활동(육체적, 정신적 노동)

NOTE

NOTE

- 탈북자 가정 자녀의 학습지도(전공 및 능력에 따라 다양한 과목지도)
- 남한사회에서의 생활에 관한 정보제공 특히 교육제도/청소년들의 가치관/젊은이들의 생활과 가치/간단한 행정민원업무에 관련된 정보
- 동행하는 서비스(길안내, 특정업무를 위한 절차와 과정참여에 통행 등)

③ 북한이탈주민에 대한 대국민 인식의 제고를 위한 사회적 활동참여, 각종 북이탈주민 관련 행사의 지원 : 민간단체의 다양한 행사 및 공청회, 토론회 참여 및 행사지원, 자원봉사자 모집에 적극적인 역할 기대

④ 후속적인 대학(원)생 자원봉사교육, 혹은 다른 연령층의 자원봉사자 교육시 선경험자로서 교육활동에 참여/리더로서 교육대상자의 지도담당

⑤ 자원봉사 수퍼비전(supervision)

- 하나원의 경우, 월 1회 하나원 봉사팀과 학습지도 자원봉사팀이 한자리에 모여 지난 1개월간 자원봉사 내용을 발표하고 특히 어렵거나 힘든 사례 등에 대하여 서로 토의하여 해결방안을 모색하는 시간을 가짐
- 자원봉사자들의 정서적 지지를 도모하는 목적

(3) 앞으로 자원봉사활동의 요구되는 방향성

① 자원봉사자의 연령층의 다양화

② 자원봉사활동의 조직과 내용의 심화 : 탈북주민의 욕구와 문제를 대응하는데 보다 전문적이고 숙련된 지원을 하도록 자원봉사의 내용이 조직되고 심화되도록 해야 한다.

8 국제협력분야에서의 해외봉사활동지침

NOTE

2004년 연말 인도네시아, 스리랑카, 태국과 같은 남아시아에서는 갑작스런 강진과 해일로 인해 내국인은 물론 이곳을 찾은 여행객을 포함하여 15만명이 넘는 인명손실과 수백만명의 이재민이 발생했다. 이후 세계 곳곳에서는 정부차원(GO : Governmental Organization)에서나 비정부차원(NGO : Non-Governmental Organization)에서 피해자를 돕기 위한 원조의 손길이 이어져 총지원액이 50억 달러를 넘어서고 있다고 한다. 비상사태에서는 더 이상 국경의 의미가 희박해지고 세계화(globalization)되는 현상을 보여주는 사건이다. 우리 나라는 1991년 한국국제협력단(KOICA, Korea International Cooperation Agency)의 설립 이후 본격적인 정부차원에서의 국제협력 업무를 하고 있고 민간차원에서도 국제민간단체 유니세프, 월드비전, 한국이웃사랑회, 국제기아대책기구, 한국복지재단, 대한적십자사 등의 활동을 중심으로 점차 그 활동이 활발히 이루어지고 있다. 본 절에서는 젊은 세대를 중심으로 관심과 참여가 요구되는 국제협력분야에서의 봉사활동에 대해 알아보고, 활동수칙 및 구체적인 프로그램을 소개하기로 한다.

1) 국제협력 자원봉사의 필요성

지구촌은 세계화로 인해 고도의 정보, 통신, 교통기술의 발달로 각국은 이웃처럼 가깝게 느껴지고 있으며, 우리는 이웃나라에서 일어나는 일이 실시간으로 전달되는 세계를 살고 있

NOTE

다. 예로 미국 달러의 약세는 각국의 경제시장에 영향을 미치고 있다. 특히 우리 나라는 IT기술의 보급률이 높아 언제나, 어디에서나, 인터넷을 통해 세계의 정세를 접할 수 있다. 이러한 급속한 세계화는 각국의 상황이 서로 영향을 미칠 수 있고, 이로 인해 단순히 정보의 공유차원을 넘어, 더불어 사는 지구촌을 만들어 가기 위한 공동노력도 필요하게 된다. 그 대표적인 노력이 국제협력을 요구하는 자원봉사라 하겠다. 그렇다면 왜 국제협력을 통한 자원봉사가 필요한지 그 필요성을 구체적으로 살펴보자.

(1) 국제적 공동 대처가 필요하다.

현대사회에서는 한 지역이나 국가에서 발생한 문제가 다른 지역이나 국가에 미치는 영향이 지대해졌다. 최근 동아시아에서 발생한 자연재해뿐 아니라, 1990년대 세계를 떠들썩하게 한 르완다의 내전으로 발생한 난민이 인근 나라로 유입되면서 난민에 대한 국제적 차원의 공동대처를 필요로 한 대표적인 예가 되고 있다.

(2) 국가간 친선도모와 자아개발이 요구된다.

미국에서는 1961년에 평화봉사단(Peace Corps)을 조직하여 미국 젊은이에게 국제사회에서 평화사절단으로 봉사하는 기회를 부여하고 있다. 평화봉사단원과 같은 해외봉사자들은 해당국에서 봉사자로 일하면서 각 지역의 언어는 물론, 문화, 사회, 경제를 배우게 되고, 이를 통해 친선을 도모함과 동시에 개인적으로는 자기 성장과 자기발견의 기회를 가질 수 있게 된다.

(3) 과거의 도움에 대해 보답할 수 있다.

우리 나라는 한국전쟁 직후 국제적십자사, 유니세프 등으로부터 국제적인 후원을 받아온 나라이다. 이제는 경제성장과 더불어 젊은 세대가 적극적으로 참여하는 국제자원봉사를 통해 국제사회에 환원해야 할 시기를 맞이하였다.

NOTE

2) 국제협력 자원봉사 활동장소와 대상

국제협력 자원봉사는 국외에서만 이루어지는 것이 아니라 국내에서도 이루어질 수 있다. 국내외로 나누어 활동대상을 알아보자.

(1) 해외에서 현지인을 위한 봉사

한국 정부차원에서 주도하는 대표적인 사업으로는 한국국제협력단(KOICA : Koea International Cooperation Agency)[5]에서 하는 다음과 같은 사업이 있다. 각국으로부터 연수생을 초청하는 사업, 각 분야의 전문가를 개발도상국에 파견하는 사업, 의료단을 파견하는 사업, 태권도사범 파견사업, 한국해외봉사단(Korea Overseas Volunteers) 파견사업 등이다. 이 중에서 해외봉사단 파견사업은 가장 활발한 사업으로 2003년까지 34개국에 1,551명을 파견하여 개발도상국에서 지역사회개발, 교육 및 의료 활동으로 대상국의 지역발전에 기여하고 있다.

한편, 국제기구가 주도하는 사업으로는 우리가 잘 알고 있는

[5] 한국국제협력단 홈페이지 주소 : www.koica.go.kr

NOTE

대한적십자사, 유엔아동기금(UNICEF)한국위원회, 한국복지재단, 월드비전, 한국기아대책기구[6]에서 행하는 각종 활동을 들 수 있다. 대한적십자사에서는 국제협력활동으로 긴급재해구호를 하고 있으며 유니세프한국위원회에서도 다양한 국제활동을 하고 있는데, 저개발국 어린이의 영양, 보건, 식수/위생, 기초교육, 긴급구호에 관련된 활동을 통해 해당국의 아동을 원조하고 있다. 한국복지재단은 1948년 미국의 기독교아동복리회(CCF)의 지원을 받아 아동복리사업을 시작하면서 출발한 사회복지전문기관으로, 현재는 미국 기독교아동복리회로부터 독립한 상태다. CCF에서는 국제활동으로 베트남, 라오스, 북한 등지에 생계비, 교육비, 의료비를 지원하는 사업을 하고 있다. 월드비전의 경우 국제 비정부조직(NGO)으로 제3세계의 개인중심이 아닌 지역중심의 지역개발사업을 주축으로 긴급구호사업 등을 하고 있다. 한편 한국기아대책기구는 국제선교구호단체로서, 해외활동은 전쟁이나 자연재해를 당한 곳에 긴급구호활동을 하는 것은 물론, 어린이 개발, 농/축산 개발, 의료보건 및 교육 개발사업을 통해 현지인이 자립하는 것을 원조하는데 역점을 두고 있다.

대표적인 민간단체나 종교단체에서 행하는 국제협력사업으로는 한국-베트남 청소년 문화교류후원회, 한-중 문화협회, 한국-에티오피아 친선협회와 같이 친선도모를 위한 단체 및 종교단체의 해외지원사업 및 대학생을 위한 한국대학사회봉사협의회가 있다.

6 각 기관의 홈페이지 주소는 다음과 같다. 대한적십자사 : www.redcross.go.kr, 유엔아동기금한국위원회 : www.unicef.or.kr, 한국복지재단 : www.kwf.or.kr, 월드비전 : www.worldvision.or.kr, 한국기아대책기구 : www.kfhi.or.kr

(2) 국내에서 외국인을 위한 봉사

국내거주 외국인 근로자를 주 대상으로 하는 법률상담, 한글교육과 같은 원조활동과 결혼 등으로 한국에 거주하게 된 외국인이나, 관광을 목적으로 찾아 온 여행자에게 통역이나 문화교류를 통한 친선도모를 목적으로 하는 봉사활동이 있다.

3) 국제 자원봉사자의 활동수칙

국제자원봉사 활동에 앞서 바람직한 자세를 가지는 것은 매우 중요하다. 그 이유는 봉사활동은 일방적인 것이 아니라 수혜자가 존재하는 활동으로 수혜자에 대한 올바른 이해와 자세가 없이는 봉사활동이 의미없이 끝날 수 있기 때문이다. 한국사회복지협의회에서 정리한 국제자원봉사에 임하는 수칙으로 다음과 같은 것이 있다.

① 인간은 인종, 피부, 직업, 연령, 사고방식 등을 초월하여 누구에게나 인간의 존엄성이 있다는 철학을 갖는다. 활동을 통해 봉사의 수혜자와 공급자의 관계로 만나지만 기본적으로 인격적인 만남이 전제가 되어야 한다는 점을 강조한다.

② 각국의 고유한 문화와 관습, 전통, 생활양식, 정치나 사회제도는 오랜 세월을 이어 온 그 나라의 고귀한 유산이라는 인식을 갖는다. 자칫 우리 문화와 다른 부분에 대해 수용하기 어려운 부분도 있지만 다른 문화에 대해 열린 마음으로 받아들이고 나아가 이해하려는 자세가 필요하다.

③ 모든 민족과 국민은 지구촌을 함께 공유하고 가꾸어 가는 협력자이며 동반자라는 인식을 갖는다. 국제협력 자원봉사의 필요성에서도 언급하였지만, 국가라는 단위를 넘어

NOTE

NOTE

지구공동체 의식이 요구되고 있다.

④ 국제협력 자원봉사활동은 외국의 상이한 언어, 문화 등을 배울 수 있는 좋은 기회이며 국제협력이 곧 우리들을 돕는 일이라는 사실을 인식하고 이 운동의 저변 확대에 노력한다. 봉사는 수혜자뿐 아니라 제공자에게도 교류의 기회와 자기성장의 기회를 가져오기 때문이다.

⑤ 특정 정치나 사상에 관련된 활동, 영리사업이나 특정 종교의 선교활동을 배제한다. 한국기아대책기구와 같이 종교단체에서 관여하는 국제봉사활동이 많이 있지만, 상대방에게 종교를 강요하거나 포교만을 위한 봉사활동은 바람직하지 못하다.

⑥ 봉사대상자나 대상주민의 자기결정권을 준수해야 한다. 3장에서 봉사자의 접근원칙과 자세에서도 언급하였듯이, 수혜자의 자기결정권을 무시한 봉사는 국제봉사에 있어서도 지양되어야 한다.

⑦ 자원봉사활동을 일정기간 지속하겠다는 마음으로부터 시작해야 한다.

⑧ 약속은 반드시 준수되어야 한다. 부득이 약속을 이행할 수 없는 상황에 부딪치면 그 이유를 자세히 설명하도록 한다.

⑨ 자원봉사자는 겸손해야 하며 감사하는 마음을 지녀야 한다. 봉사자의 태도가 행동으로 보여지기 쉽고 수혜자와의 신뢰관계를 위해서도 겸손하고 감사하는 마음의 자세가 중요하다.

⑩ 자원봉사활동의 기록과 평가가 이루어져야 한다. 기록과 평가를 통하여 활동의 성과를 더욱 높일 수 있기 때문이다.

4) 국제협력 자원봉사의 유형

NOTE

국제협력을 통한 자원봉사의 유형은 다음의 7가지로 나누어 볼 수 있다(박재영, 1999).

(1) 국제근로캠프형

인종과 이념, 종교와 국적이 다른 세계 각국의 젊은이들이 주로 여름을 이용하여 2~4주 동안 공동생활을 하면서 현지에서 조직한 자원봉사활동에 참여하는 유형이다.

국제근로캠프의 참가자는 통상 일주일에 5일, 하루에 6~8시간 일하게 되며 환경, 건축, 사회사업, 예술 및 교육, 유적발굴, 농업과 관련된 활동을 하는데, 이 외에도 현지에서 필요로 하는 일을 담당하는 경우가 많다. 근로캠프에서 활동하기 위해서는 고도의 기술이 요구되는 것이 아니기 때문에 참가자의 개방된 마음, 융통성과 같은 자질이 중요한 요소가 된다.

국제자원봉사 워크캠프의 기구로는 IWO(International Workcamp Organization)가 있다. 우리 나라에는 워크캠프를 위한 공식적인 조직이 없지만, 아시아 지역에는 아시아자원봉사활동네트워크(AVAN : Asian Volunteer Action Network)이 있고 일본의 NICE(Never-ending International WorkCamp Exchange)도 활발히 활동하고 있다.

(2) 장기개발형

현지(대부분 개발도상국)에 1년 이상 체류하면서 현지의 지역개발을 위한 활동을 하게 된다. 원조활동에는 유상원조와 무

NOTE

상원조가 있는데, 무상원조는 자금을 원조해 주는 증여(grant)와 기술원조(technical assistance)가 있다. 장기개발형은 참가자가 현지 생활을 하기에 필요한 수당이나 보험혜택, 항공료 지급을 받을 수 있는 특징이 있는데, 이는 근로캠프형과는 달리 전문지식과 경력을 요구하는 일을 수행하기 때문이다.

장기개발형 활동은 크게 정부주도형과 국제기구주도형으로 나눌 수 있다. 정부주도형의 대표적인 활동은 한국국제협력단의 한국해외봉사단 활동이다. 한국해외봉사단원은 ① 현지에서 진행 중인 프로젝트에 참여하거나 자신이 개발한 프로젝트를 수행하기도 하고, ② 직업훈련원, 전문학교와 같은 교육기관에서 교육을 하기도 하며, ③ 다른 나라의 전문가 및 기술자와 협력하여 한국의 성공적인 개발경험과 기술을 전수하기도 하고, ④ 지역 주민과 함께 농업, 지역개발, 수리사업, 청소년 지도와 관련된 일을 하기도 한다. 국제기구주도형의 경우 식량농업기구(FAO), 국제노동기구(ILO), 유엔아동기금(UNICEF), 세계은행(World Bank)과 같은 국제기구에서 감독 · 관리하며 고도의 전문지식과 어학능력을 갖춘 유엔자원봉사활동단(UNV, United Nations Volunteers)이 대표적인 예이다.

(3) 구호형

지진이나 홍수와 같이 급작스러운 재난을 당한 나라를 대상으로 긴급구호를 위해 전개하는 단기긴급구호형과 중장기적인 목표를 세우고 구호와 더불어 개발활동을 하는 활동이 있다. 한국국제기아대책기구에서 굶주림으로 고통을 받는 사람을 돕기 위해 파견하는 기아봉사단(Hunger Corps Staff), 대한적십자사의 구호활동 등이 대표적인 중장기구호형 활동이다.

(4) 사회사업형

한국해비타트연합회(일명, 사람의 집짓기 운동 연합회)나 국제기독교청년교류조직(ICYE, International Christian Youth Exchange)과 같이 아동, 노인, 장애인과 같은 사회적 약자나 경제적으로 취약한 계층을 위한 봉사활동이다. 언어적 능력보다는 사회사업(사회복지)에 관한 사전 지식과 경험을 요구하는 특징이 있다.

(5) 복합형

어느 특정부분에만 한정된 자원봉사활동을 하는 것이 아니

[그림 4-7] 국제협력 봉사활동

NOTE

NOTE

라 여러 가지 활동을 함께 하는 유형이다. 예를 들면 어학, 문화교류, 현지의 지역개발사업, 사회사업형 활동 등을 동시에 하는 것이다. 대학사회봉사협의회의 해외봉사단 조직에서 복합형 활동을 하고 있다. 대학사회봉사협의회는 1996년에 결성되어 현재 대학생의 사회봉사에 대한 인식이 고조되면서 회원대학이 늘어가고 있는 추세이며, 방학을 이용하는 경우가 많아 3~4주의 활동이 대부분이다.

(6) 개인목적형

관광이나 어학연수와 같은 개인적인 목적을 가지면서 국제자원봉사활동에 참여하는 유형이다. 이런 유형은 노동에 대한 대가가 주어지는 특징이 있는데 여행과 휴가를 목적으로 하는 워킹 홀리데이(Working Holiday)가 대표적인 예이다. 워킹 홀리데이는 노동력이 부족한 나라에서 노동을 제공하고 그 대가를 받게 되는데, 노동에 대한 기본적인 철학이 없이는 실패하기가 쉽다.

(7) 인턴십형

유엔을 비롯한 국제기구에서 운영하는 인턴제도를 이용하는 정부간국제기구 인턴제도의 경우 지식과 경험을 쌓을 수 있을 뿐 아니라 이후에 정식직원으로 채용되는 기회를 가질 수 있지만 자격요건이 전문적 기술을 요하는 경우가 많아, 사전에 자격요건을 갖추는 것이 요구되는 유형이다.

〈표 4-4〉 국제협력 자원봉사활동의 프로그램 분류

목표	체계	서비스	프로그램
난민 및 빈민 국제구호	현장활동	기술지원	르완다 난민 정착지원, 기아봉사단 파견 등
		행정지원	르완다 난민 아동의료 지원 등
	국내후원	모금활동	평화의 주머니 보내기, 사랑의 달리기 모금, 제3세계 빈민촌 펌프 파 주기, 사랑의 동전 모으기, 북한 어린이 급식 후원, 사람의 굶기 운동, 사랑의 빵 운동, 우정의 선물상자 만들기 등
		업무지원	사랑의 맨발 걷기, 동전분류 업무지원, 카드 분류와 봉입 등
제3세계 개발지원	지역사회 개발	기술지원	베트남 직업훈련원 사업, 르완다 재건 교육지원, 네팔 상수원 건설 등
		행정지원	연변지역 새마을 운동, 인도네시아 양돈 사업, 방글라데시 양어장 사업, 인도네시아 멜론 재배 등
		교육지원	연변과학기술대학 교육봉사, 필리핀 교육봉사, 스리랑카 한국어 교육, 인도 초등학교 교육, 베트남 태권도 교육, 중국 한국어 교육, 스리랑카 보건교육 등
	주민 서비스	의료지원	네팔 적십자 혈액원 지원, 네팔 진료 건립, 네팔 병원 및 학교 건립, 탄자니아 의료 지원, 네팔 가족계획 업무 등
외국인 보호 및 후원	보호활동	권익옹호	외국인 노동자 법률 상담소 운영, 외국인 상담소 상담 등
		생활안정	외국인 상담소 의료지원 등
	후원활동	교육지원	외국인 상담소 상담 및 통역 등
		위문활동	해외 입양동포 모국어 연수, 외국인 노동자 문화축제 등
국제친선 교류	행사지원	현장활동	국제기독교 청소년 교류, 청소년 국제교류 파견사업 등
	편의제공	후원활동	외국 청소년 민박, 한국-에티오피아 친선교류, 한국-일본 청소년 적십자 교류 등

*출처 : 한국사회복지협의회, 1997

NOTE

NOTE

5) 국제협력 자원봉사 프로그램

한국사회복지협의회에서는 난민 및 빈민국제구호, 제3세계 개발지원, 외국인 보호 및 후원, 국제친선교류와 같은 활동의 목표별로 국제협력 자원봉사의 프로그램을 〈표 4-4〉와 같이 분류하고 있다.

제5장

사회봉사의 평가와 기록

C·H·A·P·T·E·R·F·I·V·E

1. 서론
2. 평가의 개념과 목적
3. 사회봉사 과정으로서 평가의 중요성
4. 평가의 종류와 방법
5. 평가의 지침
6. 사회봉사의 기록

1 서론

NOTE

사회봉사에서 가장 중요한 요소는 봉사자 자신들이 스스로 문제를 파악하고 해결해 나간다는 의식을 갖는 것이다. 어떤 상황에서 무슨 일을 하든지 나의 봉사활동을 필요로 하는 일이 무엇인지, 왜 내가 이 일을 하는지, 어떻게 더 잘 할 수 있는지, 문제가 있다면 어떻게 잘 해결할 것인지 등을 생각하고 스스로 실천계획을 세우는 능동적인 자세를 갖는 것이 중요하다. 기관에서 가서 봉사활동을 하더라도 자기가 하는 일의 중요성을 깨닫고 그 해결방법에 대해 나름대로 고민하고 해결방법을 생가해 볼 때 의미 있는 자원봉사가 된다. 그렇지 않으면 지시에 의해서 움직이는 타원봉사가 될 뿐이다. 샤이어(Ivan H. Scheir)는 봉사자 자신이 자신의 활동을 평가받음으로써 장단점을 확인하고 만족감과 사명감, 보람을 찾으며 필요한 지식과 기술을 익혀 더 나은 서비스를 제공하고 싶어 한다고 강조하며 사회봉사에서 봉사의 계획과 과정뿐 아니라 평가의 중요성도 강조하였다(강철희 외, 2000, 재인용).

이와 같이 중요한 평가의 과정을 충실히 수행하려면 우선 평가의 중요성을 분명히 인식하고, 평가의 개념과 목적에 대한 분명한 이해가 우선되어야 평가에 대한 부정적인 인식을 극복하고 유용하게 활용할 수 있다. 또한 평가를 위한 구체적인 지침과 기록양식이 객관적으로 제공되어야 이를 토대로 평가적 사고를 함으로써 봉사자 자신과 봉사대상자 및 기관을 위해 의미 있는 평가를 할 수 있다. 본 장에서 사회봉사의 평가와 기록양식에 대해 자세히 살펴보고자 한다.

NOTE

2 평가의 개념과 목적

평가란 행정관리의 수단, 서비스의 욕구를 가지고 있는 대상에게 정확하게 서비스가 전달되는지 적절한 서비스인지 그 효과성과 효율성을 검토하는 것이다.

평가의 목적은 평가결과를 활용하여 어떤 변화와 개선을 꾀하는 것이다. 봉사활동에서 봉사자의 반성과 평가는 스스로 자신의 봉사활동을 되돌아보아 자신이 목표한 바를 성취하여 봉사대상자에게 계획한 도움을 제공하였는지, 봉사활동을 통하여 자신이 배운 점은 무엇인지, 앞으로의 봉사활동을 위해 자신이 개선해야 할 점은 무엇인지 알기위한 것이다.

3 사회봉사 과정으로서 평가의 중요성

일반적으로 사회봉사는 크게 3가지 과정으로 이루어진다. 즉 P(Preparation : 준비), A(Action : 행동), R(Reflection : 반성 및 평가)의 과정이다.

P－A－R 과정을 자세히 살펴보면 다음과 같다.

첫째, 준비단계에서 학생들은 자신이 관심을 갖고 있는 분야와 문제들을 선정하고 봉사활동계획을 세운다. 학생들은 사회복지, 특수교육, 재활, 환경, 예술, 스포츠, 컴퓨터 등 봉사활동 분야 중 자신이 어떤 분야를 원하고, 어떤 봉사를 할 수 있는지

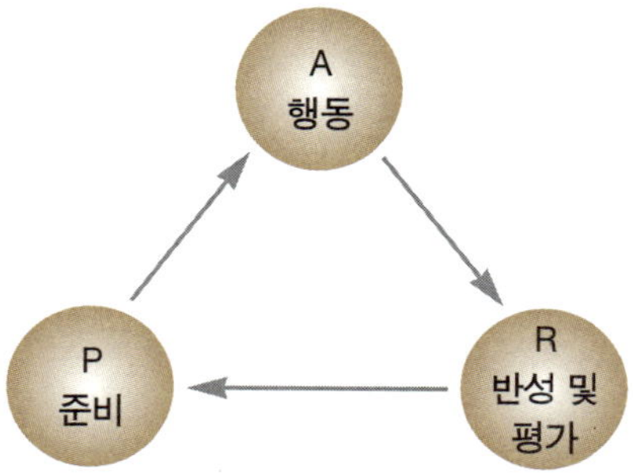

[그림 5-1] P-A-R접근

NOTE

계획한다. 이때 봉사의 대상이 누구인지, 그들의 문제와 욕구는 무엇인지, 어떻게 하면 가장 도움이 되는지를 미리 검토하고 계획을 세운다. 이를 위해 관련 자료를 찾아보거나, 직접 방문하거나, 사회봉사센터의 도움을 받아 준비할 수 있다.

준비단계에서 자신이 원하는 봉사활동 분야를 결정하기 힘들 때에는 자신에게 맞는 봉사활동분야를 정하기 위해, 스스로 해결할 수 있는 자립도와 적절한 분야에 대한 선호도를 측정하여 결정하는 것이 도움이 될 수 있다. 이때 활용할 수 있는 측정도구는 본 장에 첨부되어 있으니 참고하기 바란다.

둘째, 행동단계는 준비단계에서 세운 계획을 실행에 옮기는 단계이다. 봉사활동을 시작했으면 계약된 기간동안 책임을 완수할 수 있도록 최선을 다하는 것이 중요하다. 그러나 계획대로 되지 않는 경우도 많으므로 기관의 담당자나 학교의 지도교수 등과 긴밀한 조정이 필요하다.

셋째, 반성 및 평가의 과정에서는 사회봉사가 계획대로 잘 진행되는지, 당초 계획했던 봉사활동 목표가 달성되었는지, 진행과정은 어땠는지 등을 평가검토함으로써 최선의 결과를 가져오도록 돕는 것이 중요하다. 또한 봉사자 자신의 활동경험을 자기성숙의 기회로 발전시키려면 이와 같은 반성적 고찰과 피

NOTE

드백의 과정은 매우 중요하다(한국사회복지협의회, 1997).

이러한 반성과 평가는 수업 중의 토론을 통해서나 개별적 접촉과정에서 일어날 수 있다. 교수와 학생들 간의 경험을 이야기하는 수업 중의 구조화된 과정에서 학생들에게 반성의 기회가 주어진다. 또한 학생들 간의 경험을 나누는 과정에서 서로에게 도전과 지지를 교환하면서 반성의 기회를 갖게 된다. 그러므로 봉사활동에서 반성과 평가의 시간은 반드시 필요한데, 이를 통해 봉사활동에 대한 반성적 고찰과정을 통해서 활동자체에 초점을 두기보다 봉사경험이 얼마나 자기발전에 기여했는지, 자신이 남에게 도움이 될 수 있는 존재인지를 알게 되기 때문이다.

4 평가의 종류와 방법

평가는 봉사자나 대상자인 사람을 평가하는 것이 아니라 행위를 평가하는 것이다. 평가에는 과정평가와 결과평가가 있다. 과정평가는 자원봉사진행이 계획대로 이루어지고 있는지, 예상하치 못한 문제가 있는지, 이를 해결하기 위해서 어떻게 해야 하는지, 자원봉사활동의 목표를 성취하기 위해 과정상 보완하고 개선해야 할 점은 무엇인지 파악하는 것이다. 이를 위해서 봉사활동 기록과 중간평가서의 활용이 도움이 된다.

결과평가는 봉사활동이 종결된 직후에 실시한다. 봉사자 자신의 봉사활동을 하기 전과 후의 변화정도, 봉사활동 목표에 따른 성취수준을 측정한다. 또한 봉사활동에 대한 성실성, 책임완수, 봉사대상자 및 기관지도자와 효과적인 관계를 형성, 문제해결활동의 적절성도 평가한다. 이를 위해 봉사대상자의 만족도, 기관지도자의 객관적인 평가가 포함되기도 한다.

구체적인 평가의 방법으로는 자원봉사자의 활동량을 측정하는 노력평가, 노력의 결과로 봉사대상자에게 어떤 변화나 성과가 있었는지에 대한 효과성 평가, 이러한 노력과 효과를 이루기까지 얼마나 비용이 들었는지 생산성을 측정하는 효율성 평가, 활동대상자에게 제공된 서비스가 질적으로 적정하게 주어졌는가를 측정하는 만족도 측정 등이 있다.

〈표 5－1〉 평가방법의 장단점

평가기법	장점	단점
질문지법	비용－효과높다 통계분석 용이 비밀성보장	응답자부담 질문지가 선택과 의견을 강요 선택범위의 제한 질문지가 응답자의 문제인식을 모두 나타내지 못함
인터뷰	정보습득 용이 봉사프로그램에 관여된 모든 사람의 의견청취가능 질문의 의미가 잘못 해석될 가능성 약화 질문지보다 정보양이 많음	많은 시간과 경비필요 전문기술요 면접자의 편견이 질문의 타당성에 영향 인터부할 때마다 질문뉴앙수가 달라질 수 있어 결과에 영향을 미칠 수 있음 데이터분석이 어려움
프로그램 기록	이용이 용이함 데이터수집과정을 위한 기초제공	기록의 불완전성 타당성과 신뢰성 문제가능 정보의 오해가능성 기록의 해석이 어려움
관찰	관찰자가 대상자에 대해 겸손해진다 예상 밖의 자료를 얻을 수 있다 프로그램 과정에서 많은 정보수집 가능	많은 시간요 상황에 따라 관찰이 어려울 수도 있다 관찰자의 편견이 결과에 영향

NOTE

NOTE

이러한 평가방법을 구체적으로 수행하는 기법으로는 질문지법, 인터뷰, 프로그램기록, 관찰 등이 있다. 이들의 구체적인 장단점을 정리(류기형 외, 2001, 재인용)하면 다음의 〈표 5-1〉과 같다.

자원봉사자를 관리하는 기관에서는 평가의 목적에 따라 평가방법을 활용한다. 일반적으로는 평가자료 수집의 용이성과 평가자의 자기반성을 촉진할 수 있는 장점 때문에 프로그램 기록 혹은 봉사활동 기록을 적극적으로 활용하고 있다. 그 외 봉사활동과 평가의 목적에 따라 질문지를 구성하여 자료를 확보하고 분석하는 것이 보편적이다.

5 평가의 지침

사회봉사활동에 대한 평가는 봉사자의 사기진작에 중요한 영향을 미치며 봉사자로 하여금 봉사에 대한 동기를 강화시키는 요인이 된다(강철희 외, 2000 재인용). 그러나 봉사자들의 활동을 평가할 때 평가의 결과가 좋지 않다면 그러한 문제가 발생한 이유를 명확히 발견해내는 것이 필요하다. 즉, 봉사자들의 건강상태, 성격문제, 불충분한 기술, 지식의 부족, 동기의 부족 또는 시간의 제약 등의 다양한 원인으로 해서 업무수행이 비효과적인 것으로 나타났는지 혹은 봉사활동단체에 문제들이 있었는지 구분할 필요가 있다. 여기서 봉사활동단체의 문제란 불분명한 직무설정, 봉사자활용체계의 미비, 지도감독의 부재, 부적절한 과업의 부여, 과도한 과업의 부여 등을 예로 들 수 있다. 그러므로 봉사자가 평가과정의 시작부터 끝까지를 분명히 알고 기관과 학교의 평가과정에 참여하는 것이 기관과 봉사자의 발전 모두에 유익할 것이다. 이러한 맥락에서 평가과정에서 다음의 평가지침을 고려하는 것이 중요하다.

강철희 등(2000)은 봉사자 평가의 가이드라인을 다음과 같이 제시하고 있다.

① 다양한 잣대(multiple criteria)를 적용한다.
② 봉사자가 가지고 있는 특성(traits)에 대해 부각시키지 않는다. 예를 들면 성격이 내성적이라든지, 말이 적다는 등의 성격적 특성을 평가의 대상으로 하지 말아야 한다.
③ 가능하다면 주요 평가자 외에 업무와 관련 있는 다른 평가자도 포함시킨다.
④ 자기평가를 활용하여 성과에 대한 이해의 폭을 넓힌다.
⑤ 사회봉사업무의 내용과 목표를 분명히 하고 평가한다.
⑥ 업무의 목표를 어떻게 측정할 것인가에 대해 측정방법을 분명히 하고 이에 대해 평가자와 봉사자가 확실히 공유하는 상황에서 평가가 이루어진다.
⑦ 업무성과 이외에도 필요하다면 일의 수행과정에서 관계된 사람과의 관계에 대해서도 평가한다.
⑧ 잘하고 있는 부분과 좀더 발전되어야 하는 부분이 균형 잡힌 모습으로 나타날 수 있는 평가가 되도록 한다.
⑨ 피드백을 통한 기술에서 '좋다', '나쁘다' 보다는 '기대보다 잘하고 있음' 혹은 '다소 부족함' 과 같은 용어로 평가한다.
⑩ 업무수행의 마지막 단계에서만 평가하는 것이 아니라, 업무의 시작부터 규칙적이고 지속적인 평가가 수행되도록 한다.

NOTE

NOTE

⑪ 업무성과에서의 부족한 부분이 있다면 원인을 정확히 파악하여 발전방향을 제시하고 봉사자의 발전을 이끌 수 있도록 돕는 평가를 한다.

이강현(1995)은 다음과 같은 사회봉사자 평가방법을 제시하고 있다.

① 사람자체가 아니라 행위로 평가
② 평가시기를 구체화하여 명시
③ 정직하고 명확하게 평가
④ 가능한 즉시 평가
⑤ 긍정적인 말로 평가
⑥ 다양한 관점에서 논점을 발전시킬 것
⑦ 모든 평가를 기록
⑧ 업무계획서, 목표, 예상되는 결과 등 성취해야 할 구체적인 지침서 제공
⑨ 업무점검 : 목표에 따라 진행되고 있는지/문제점을 피하는 방법 확인/도움이 되는 활동 등 조사/성공적인 수행에 대한 지지
⑩ 아주 잘함, 잘함, 보통과 같은 등급보다는 뛰어남, 잘함, 좀더 훈련을 받으면 나아질 것 등과 같이 긍정적인 표현 사용
⑪ 현실적이 됨
⑫ 평가 시 긍정적인 대화사용, 봉사자 스스로 파악하는 잘된 점과 개선할 점 등에 대한 의견을 청취

이상과 같은 평가의 지침을 종합하여 요약해면 평가란 시비를 가리기 위한 것이 아니라 미래를 준비하고 더 발전하기 위

한 방향과 개선점을 모색하는데 있으므로, 긍정적인 시각을 견지하며, 다양한 각도에서 구체적인 진술로 이루어지되 과정을 중시하여 봉사자가 평가의 의미를 수용하고 스스로 반성적 고찰을 할 수 있도록 촉진하여야 함을 알 수 있다.

NOTE

6 사회봉사의 기록

평가가 잘 이루어지기 위해서는 평가 자료의 수집이 중요하다. 이를 위해 기록양식이 미리 주어지고, 기록양식에 봉사활동을 정리하고, 기록하는 과정을 통해 반성적 고찰을 하게 됨으로써 봉사자 자신의 주도적 학습의 기회가 된다. 또한 수집된 자료를 토대로 기관지도자와 학교의 지도교수 및 동료와 함께 과정 및 결과평가를 통해 봉사활동 수행의 질과 효과성, 효율성을 높일 수 있다. 또한 학생들이 참여하는 봉사활동 기관에서의 봉사에 대한 준비와 지원이 봉사활동의 질과 양에 중요한 영향을 미치게 되므로 봉사활동에 참여한 학생들이 직접 기관평가서를 작성하여 봉사활동기관 관리 자료로 활용할 수 있다.

사회봉사활동의 준비단계, 행동단계, 평가단계에서 활용할 수 있는 기록의 종류는 다음과 같다.

1) 준비단계

자신이 원하는 봉사활동 분야를 결정하는 것은 준비단계에서 매우 중요하다. 그러나 자신에게 맞는 봉사활동분야를 정하

NOTE

는 것이 어려울 때도 있고 보다 효과적인 봉사활동이 되기 위해 자신의 성향에 맞는 봉사분야를 정하기 위해 자료를 활용하는 것이 도움이 될 수 있다. 왜냐하면 자신의 성향과 욕구에 맞는 봉사지의 선택은 봉사활동의 동기를 높이고 학습효과를 높일 수 있기 때문이다. 이를 위해 활용할 수 있는 측정도구가 다음과 같으므로 참고하여 신중한 선택에 도움이 되기 바란다.

〈학생자립도 진단〉

*출처 : 박태영 외, 2004.

NOTE

NOTE

〈자원봉사활동지향진단〉

이 테스트는 당신에게 흥미가 있는 적합한 분야에 대해 진단한다. 테스트는 4가지 블록으로 나누어 각각 10문항이 있다. 응답 방법은 '그렇다', '그저 그렇다', '아니오' 중 해당되는 곳에 ○표를 한다(문제에 따라서는 응답범주가 '그렇다', '아니다'로 구분되어 있다). 4블럭의 합계 40개의 질문에 모두 응답한 후 집계해 그 결과로 진단한다.

블록 1

1. 어릴 때부터 퍼즐을 좋아한다.	□ 그렇다 □ 그저그렇다 □ 아니다
2. 신제품을 구입하면 우선 설명서를 꼼꼼히 읽지 않으면 직성이 풀리지 않는다.	□ 그렇다 □ 그저그렇다 □ 아니다
3. 컴퓨터는 혼자 매뉴얼을 보고 터득했다.	□ 그렇다 □ 그저그렇다 □ 아니다
4. 이공계 학교를 졸업했다.	□ 그렇다 □ 아니다
5. 현재 기술직에 근무하고 있다.	□ 그렇다 □ 아니다
6. 부품조립 모형 만드는 것을 좋아한다.	□ 그렇다 □ 그저그렇다 □ 아니다
7. 기성 제작품으로 놀기보다는 가능한 한 소프트를 만들어 보고 싶다.	□ 그렇다 □ 그저그렇다 □ 아니다
8. 시험문제를 우선 1번부터 순서대로 풀어간다.	□ 그렇다 □ 아니다
9. 사람에게 무엇을 설명할 때 언어보다도 그림을 그려서 설명하고 싶다.	□ 그렇다 □ 그저그렇다 □ 아니다
10. 이야기를 할 때 대화 중에 자주 숫자를 사용한다.	□ 그렇다 □ 그저그렇다 □ 아니다

*출처 : 박태영 외, 2004.

블록 2

1. 아르바이트는 육체노동이 많았다.	□ 그렇다 □ 그저그렇다 □ 아니다
2. 백화점이나 역에서 계단을 사용하는 경우가 많다.	□ 그렇다 □ 그저그렇다 □ 아니다
3. 외출할 때 근처라면 차는 사용하지 않는다.	□ 그렇다 □ 그저그렇다 □ 아니다
4. 추위, 더위에 강한 편이라 생각한다.	□ 그렇다 □ 그저그렇다 □ 아니다
5. 생각하기보다 우선 행동해야 한다고 생각한다.	□ 그렇다 □ 그저그렇다 □ 아니다
6. 야외활동이 좋다.	□ 그렇다 □ 그저그렇다 □ 아니다
7. 목소리가 큰 편이다.	□ 그렇다 □ 그저그렇다 □ 아니다
8. 일찍 자고 일찍 일어난다.	□ 그렇다 □ 그저그렇다 □ 아니다
9. 체육계 출신이다.	□ 그렇다 □ 아니다
10. 기계에 강하지 않다.	□ 그렇다 □ 그저그렇다 □ 아니다

*출처 : 박태영 외, 2004.

블록 3

1. 주변의 수납(정리)에 자신있다.	□ 그렇다 □ 그저그렇다 □ 아니다
2. 계획을 세운 후 행동하는 적이 많다.	□ 그렇다 □ 그저그렇다 □ 아니다
3. 금전 수지를 정확히 한다.	□ 그렇다 □ 그저그렇다 □ 아니다
4. 타인의 스케줄까지 파악하고 있는 적이 많다.	□ 그렇다 □ 그저그렇다 □ 아니다
5. 타인으로부터 부탁받는 경우가 많다.	□ 그렇다 □ 그저그렇다 □ 아니다
6. 시간관념이 정확하다.	□ 그렇다 □ 그저그렇다 □ 아니다
7. 반, 모임, 위로여행 등의 간사를 한 적이 많다.	□ 그렇다 □ 그저그렇다 □ 아니다
8. 수첩을 잘 활용하고 있다.	□ 그렇다 □ 그저그렇다 □ 아니다
9. 책임감이 강한 편이라고 생각한다.	□ 그렇다 □ 아니다
10. 글자를 잘 쓰는 편이다.	□ 그렇다 □ 그저그렇다 □ 아니다

*출처 : 박태영 외, 2004.

NOTE

NOTE

블록 4

1. 외국어를 하나 이상 말한다.	□ 그렇다 □ 아니다
2. 처음 보는 음식도 먹을 수 있다.	□ 그렇다 □ 그저그렇다 □ 아니다
3. 길을 잘 묻는다(타인이 본인에게).	□ 그렇다 □ 그저그렇다 □ 아니다
4. 자신의 의견은 명확히 말한다.	□ 그렇다 □ 그저그렇다 □ 아니다
5. 인터넷 사용에 능숙하다.	□ 그렇다 □ 아니다
6. 기본적으로 자취가 가능하다.	□ 그렇다 □ 그저그렇다 □ 아니다
7. 여행에 갔을 때 현지 시장에 가본 적이 많다.	□ 그렇다 □ 그저그렇다 □ 아니다
8. 외국인이 말을 걸어도 동요치 않는다.	□ 그렇다 □ 그저그렇다 □ 아니다
9. 인구, 국토 면적을 즉각 답할 수 있으며 역사에 대해 상세하게 아는 편이다.	□ 그렇다 □ 그저그렇다 □ 아니다
10. 여행지에서 당일에도 머무를 숙박시설을 찾을 수 있다.	□ 그렇다 □ 그저그렇다 □ 아니다

*출처 : 박태영 외, 2004.

※ 「그렇다」는 3점, 「그저 그렇다」는 1점, 「아니오」는 0점으로 각 블록별 점수를 합산하면 된다. 그 결과 가장 높은 블록이 자신이 지향하는 분야이다. 동점의 경우에는 그 어느 것에도 소질이 있다고 해석할 수 있다.

블록 1이 최고점수인 경우	기술계	특기를 살려 기술계 자원봉사활동
블록 2이 최고점수인 경우	작업계	작업능력을 살려 작업계 자원봉사활동
블록 3이 최고점수인 경우	사무계	실무능력을 살려 사무계 자원봉사활동
블록 4이 최고점수인 경우	해외계	국제성을 살려 해외계 자원봉사활동

〈종합진단〉

테스트 1 자립도 진단 × 테스트 2의 자원봉사활동 분야 지향 진단

테스트 1과 테스트 2의 진단결과를 통합하여 판단한다. 당신이 지향하는 자원봉사활동 분야에 어떤 입장으로 참가할지를 나타내고 있다. 다만, 이것은 어디까지나 참고로 하고, 어떤 결과가 나오더라도 자신의 생각대로 실천해 주기 바란다.

테스트에서 자립도가 A인 사람

기술계	만약 당신이 현장에서 필요로 하는 기술을 가졌다면 이 분야에서 활동의 장이 되는 것뿐만 아니라 후계자를 만드는 장이기도 합니다. 또한 그 기술을 가지고 있지 않은 경우에는 새로운 지식을 몸에 익히는 기회가 됩니다.
작업계	체력이 좋다면 이 분야에서도 꼭 참여해 주기를 바라는 것이 당신과 같은 타입입니다. 스스로 신체를 움직이는 리더는 어디를 가더라도 신회를 받습니다. 또한 현장 감독적인 입장의 사람은 항상 필요합니다.
사무계	실내에서 행해지는 사무계의 업무가 적성에 맞다면 꼭 이 분야에서 힘을 발휘 해주세요. 꼼꼼하고 정확한 당신이라면 꼭 순수한 입장에서 업무의 실적을 올릴 수 있는 필요한 인재입니다.
해외계	요구되는 기술이나 자격, 능력이 있다고 판단되면 처음부터 해외로 나가 보는 것도 무모한 것은 아닙니다. 해외의 특히, 제3세계에서 요구되는 자원봉사활동은 국내보다 훨씬 많습니다. 능력을 살릴 장소가 있다면 잘 해 나갈 수 있을 것입니다.

*출처 : 박태영 외, 2004.

NOTE

NOTE

테스트에서 자립도가 B인 사람

기술계	요구되는 기술을 가지고 있지 않더라도 당신은 그 기술을 배울 수강자로서의 기술적인 소질을 갖추고 있습니다. 타인에게 폐를 끼치지 않고 겸손한 기분으로 배우면 빠르게 익숙해집니다. 우선 유능한 보조자라는 것을 목표로 합니다.
작업계	묵묵히 자신의 의무를 다하는 것에 의미를 둔다면 신체를 사용하는 자원봉사활동에 적성은 충분합니다. 업무의 진행방법이 눈에 보여 명확히 성취감을 얻는 자원봉사자는 처음부터 즐거움을 느낄 수 있을 것입니다.
사무계	사무작업을 정확하게 완성해 주는 사람은 어느 조직에서도 요구되어 집니다. 주변적인 업무 지원에 능력을 가진 사람이라는데 의의를 두는 당신이라면 이 일의 적성은 충분합니다.
해외계	기초적인 자립이 되어 있는 당신이므로 해외 자원봉사활동이라도 할 수 있을 것 같습니다. 다음은 당신의 능력을 발휘할 국가나 지역을 찾을 것인지, 아니면 봉사하려는 국가에서 요구하는 능력이나 지식을 익힐 것인지를 생각해야 할 것입니다. 당신은 해외파견요원 후보입니다.

*출처 : 박태영 외, 2004.

테스트에서 자립도가 C인 사람

기술계	자신에게 기술이 있다면 우선 스텝의 일원으로 역할을 하는 것으로부터 시작합시다. 처음부터 선두에 서려면 조직으로부터 힘이 가해져서 손해를 볼지도 모릅니다. 경험이 없는 경우 우선 지지에서부터 시작합니다.
작업계	육체노동을 동반하는 자원봉사활동은 초보자라도 확실히 도움이 되는 신입 연수와 같은 것입니다. 이 같은 작업으로부터 시작하게 되면 신체를 움직이는 기쁨과 맞물려 신체적으로 무리할 수도 종종 있습니다. 스포츠와 같은 가벼운 기분으로 우선 참가를 하십시오.
사무계	사무의 세세한 업무는 자원봉사활동을 한 경험이 없는 사람에게 있어서 시작하기 쉬운 일입니다. 우선 이 같은 업무를 도우면서 몸에 익숙하게 하는 것은 어떨지요. 이 업무의 중요성을 이해한다면 당신도 어엿한 몫을 하는 사람입니다.
해외계	해외로 나가기 전 국내에서 보완할 부분이 있을 듯 합니다. 자원봉사조직에서의 경험, 해외파견자에 대한 국내에서의 지지 등 우선 활동의 개요를 파악하는 것으로부터 시작해 봅시다. 자신이 해외로 나가는 것은 그 후에 생각해 봅시다.

*출처 : 박태영 외, 2004.

테스트에서 자립도가 D인 사람

기술계	기술계 자원봉사자라도 경험이 없는 사람이 해야 할 일은 상당히 있습니다. 처음부터 무리하지 말고 리더에게 들은 대로 일할 수 있도록 따릅시다. 보상을 바라고 하는 활동이 아니므로 어떤 입장에서도 신경 쓸 일은 없습니다.
작업계	육체적 업무 자원봉사활동에서는 자연히 지시를 하는 사람의 지시 받는 일이 생겨나게 됩니다. 초보자이므로 우선은 다른 사람의 지시에 따른 것으로부터 시작함이 어떨지요. 이 분야 활동은 사람에게 폐를 끼치는 것이 적으며 초보자에게 최적입니다.
사무계	우편봉투의 수신처 쓰기, 복사 등 의뢰로 간단한 잡무가 있기 마련입니다. 우선 이 같은 작업으로부터 시작해 자원봉사활동에 적응해 가는 것이 좋겠지요. 다른 사람의 지시로 움직이는 경험은 입장이 바뀔 때에도 도움이 됩니다.
해외계	해외 자원봉사조직이라고 해도 반드시 자신이 파견된다는 것은 아닙니다. 국내에서 지지하는 일이 얼마든지 있습니다. 당신의 경우는 이 같은 스텝 업무로부터 시작해 서서히 경험을 쌓아 가는 것이 좋을 것 같습니다.

*출처 : 박태영 외, 2004.

2) 행동단계의 기록

봉사활동 단계에서 매회 봉사활동에 대한 반성적 고찰을 촉진하고 봉사활동의 긍정적 성취와 학습효과를 위하여 봉사활동일지를 기록하는 것이 매우 중요하다. 또한 중간보고서를 작성하여 중간평가에 활용함으로써 남은 봉사활동 기간을 보다 충실하게 지낼 수 있도록 학생자신과 기관의 지원을 평가하는 것이 유용하다. 봉사활동 일지와 중간보고서 항목은 다음과 같다.

NOTE

NOTE

〈사회봉사활동 일지〉

<table>
<tr><td>봉사활동일시</td><td colspan="2">2005년 월 일</td><td>봉사활동시간</td><td>: — :</td></tr>
<tr><td rowspan="3">봉사활동
수행자</td><td colspan="4">학부(과) 전공 학년</td></tr>
<tr><td>성 명</td><td></td><td>학 번</td><td></td></tr>
<tr><td>과 목</td><td>사회봉사
( )요일 ( )교시</td><td>담 당
교 수</td><td></td></tr>
<tr><td>봉사활동
내용</td><td colspan="4"></td></tr>
<tr><td>봉사활동
소감</td><td colspan="4"></td></tr>
<tr><td>비고</td><td colspan="4"></td></tr>
<tr><td>기관봉사담당자</td><td colspan="2">(인)</td><td>봉사자</td><td>(인)</td></tr>
</table>

〈중간보고서〉

1. 기관명칭
2. 주소
3. 전화번호/Fax
4. 봉사담당자
5. 기관의 주요사업 및 목적
6. 봉사활동에 대한 중간평가
   1) 기관의 사전교육 내용 요약
   2) 봉사활동 목표와 성취, 봉사활동을 하면서 새롭게 깨달은 점, 봉사활동 수행에 어려웠던 점 등
   3) 봉사활동을 통한 인식의 변화(대상에 대한 이해 혹은 봉사활동 전과 현재의 자신의 변화)
   4) 남은 활동기간에 대한 계획, 바라는 점(학교, 기관)

3) 평가단계의 기록

봉사활동을 종결하면서 봉사활동을 통해서 성취하고 배운 점을 돌아보는 것은 봉사를 통한 학습효과를 정립하는 데 매우 중요하다. 또한 이번 학습경험을 통해 새롭게 알게 된 점, 다음을 위한 준비, 봉사학습교과 운영의 개선방향 등을 파악하는데 종결보고서가 유용하게 사용된다. 그 외에도 봉사기관에 대한 평가도 수요처 확보나 관리 차원에서 교과운영에 유용한 자료가 될 수 있으므로 봉사기관에서의 학생들에 대한 지원과 환경을 평가하는 것이 도움이 될 수 있다. 양식은 다음과 같다.

NOTE

NOTE

〈종결보고서〉

1. 봉사활동에 임한 자신에 대한 평가
2. 봉사활동 내용에 대한 평가
3. 사회봉사활동이 자신에게 미친 영향
4. 가장 인상 깊었던 점
5. 봉사활동 중 문제점 및 개선방안
6. 기타

〈봉사활동기관 평가서〉

<table>
<tr><td>기관명</td><td colspan="2"></td><td></td><td></td></tr>
<tr><td colspan="5">활동분야</td></tr>
<tr><td colspan="3">항목</td><td>예</td><td>아니오</td></tr>
<tr><td colspan="3">봉사자의 재능과 욕구에 따라 봉사활동이 배치되었다</td><td></td><td></td></tr>
<tr><td colspan="3">봉사활동 전에 구체적이고 기술적인 사전교육이 충분히 이루어졌다.</td><td></td><td></td></tr>
<tr><td colspan="3">봉사자를 이끌어주고 안내해주는 담당직원이 있다</td><td></td><td></td></tr>
<tr><td colspan="3">봉사업무에 대한 역할과 책임이 분명히 제시되었다</td><td></td><td></td></tr>
<tr><td colspan="3">기관의 업무와 맡은 일을 이해하는 데 도움이 되는 자료가 주어졌다</td><td></td><td></td></tr>
<tr><td colspan="3">자원봉사업무에 개인적 비용을 지출하지 않았다</td><td></td><td></td></tr>
<tr><td colspan="3">담당직원이 친절하고 잘 이끌어 주며 지도해준다</td><td></td><td></td></tr>
<tr><td colspan="3">다른 학생들에게고 이 기관의 봉사활동참여를 추천하고 싶다</td><td></td><td></td></tr>
<tr><td colspan="5">기관에 대한 전체적 평가 :</td></tr>
<tr><td>자원봉사자</td><td></td><td>작성일시</td><td colspan="2"></td></tr>
</table>

NOTE

참고문헌

강남대학교 자원복지문화연구소(1998). **자원복지(봉사)센터 설치 및 운영에 관한 연구**. 강남대학교 출판부.

강무섭(1990). **대학의 사회봉사**. 서울 : 한국대학사회봉사협의회.

강미경(1992). 자원봉사자 모집에 관한 연구—사회복지관을 중심으로. 석사학위논문. 숭실대대학원.

강준렬(1996). **미국의 자원봉사 유래와 현황**. 서울 : 한국사회복지관협회.

강철희 외(2000). **사회봉사의 이해**. 서울 : 이화여자대학교 출판부.

경원대사회봉사단(1998). **대학사회봉사활동의 이념과 방법**.

고범서, 이삼열(편)(1992). **사회봉사의 신학과 실제**. 서울 : 한울.

교육개혁위원회(1995). **신교육 체제 수립을 위한 교육개혁방안**. 서울 : 교육개혁위원회.

구본영(1999). 사회봉사 특성화에 관한 연구. **성결대학교인문사회과학편**, 28집.

권해조(1987). 대학생 볼런티어 활동에 관한 실제 조사 연구. 석사학위논문. 동아대학교.

김남순(1998). **사회 자원봉사 활동의 이론과 실제**. 서울 : 교육과학사.

김동배 외 2인(1996). **청소년 자원봉사의 길잡이—교사와 실무자를 위한 지침서—**. 서울 : 동인.

김범수 외 (2007). **자원봉사론**. 서울 : 학지사.

김범수(2000). 대학 사회봉사 활성화를 위한 제도적 방안. **대학생 자원봉사 내실화 방안 탐색**. 한국대학사회봉사협의회 대학생 자원봉사 지도교수 및 직원세미나 자료집.

김상해(2001). **사례중심의 자원봉사의 관리전략과 실제**. 서울 : 대경.

김성이(1997). 봉사학습의 개념과 실천원칙에 관한 연구. **사회과학연구논총**, 가을호.

김영정(1985). **자원활동과 사회발전**. 서울 : 한국여성개발원.

김영호(1997). **자원봉사의 활성화 방법**. 서울 : 학문사.

김영호 외 2인(2002). **자원봉사의 이론과 실제**. 서울 : 창지사.

김유배(1996). 미국대학의 사회봉사사례, **대학과 사회봉사**. 서울 : 한국대학교육협의회.

김은자(1996). 대학생 자원봉사 학점제 정착화 방안에 관한 연구. 동국대학교 행정대학원.

김정숙(1991). 죤듀이의 반성적 사고에 관한 고찰. 석사학위논문. 이화여자대학교 대학원.

김통원(1998). **사회봉사론**. 서울 : 성균관대학교 출판부.

김한구 외 7인(1997). **자원봉사론－이론과 실제－**. 서울 : 백산.

김한배(1992). 대학사회봉사의 철학적 기초.

남미애(1997). 우리 나라 자원봉사활동 체계모형개발에 관한 연구. 박사학위논문. 부산대학교 대학원.

류기형 외(2004). 자원봉사론. 서울 : 양서원.

문인숙(1984). **자원봉사활동의 이론적 배경**. 서울 : 이화여대한국여성문제연구소.

박태영 외 3인(2004). **자원봉사론**. 서울 : 백산.

박찬석(2000). 대학 사회봉사교육의 새로운 동향과 과제. 한국대학사회봉사협의회. 2000 정기총회 세미나자료집.

부성래(1995). 기독교사회복지 개념화를 위한 서설, **기독교와 사회복지**. 서울 : 도서출판 예안.

삼성사회봉사단(1996). 봉사활동 101가지 프로그램.

서울대학교사회복지연구소(1997). **서울대학교 사회봉사활동 추진방안**.

양참삼(1995). 사회봉사의 철학과 기능, **대학의 사회봉사**. 서울 : 한양대학교 사회봉사단.

울산광역시 자원봉사단체협의회(2001). **자원봉사활동 관리를 위한 자원봉사 길라잡이**. 서울 : 양지.

이강현(1996). 미국 대학의 사회봉사, **대학의 사회봉사**. 가톨릭대학교 사회복지연구소

이성록(1995). **자원봉사활동 관리조정론**. 서울 : 학문사.

이수진(2000). 대학사회봉사활동동기와 학습욕구에 관한 연구. 서울여자대학교 대학원 석사논문.

이재응(1997). 미국대학의 사회봉사체제와 프로그램 운용에 관한 연구. **21세기정치확회보**, 제9집 1호.

이현청(1996). 한국대학의 사회봉사 사례. 한국대학교육협의회. 대학과 사회봉사 세미나 자료집.

전국경제인연합회(2000). **1999 기업 · 기업재단 사회공헌백서.**

전국경제인연합회(2000). **기업 사회공헌과 사회봉사.**

정하성(2004). **보람과 아름다움을 창조하는 신 자원봉사론.** 서울 : 백산.

조휘일(1998). **자아실현과 지역사회공동체 형성을 위한 현대사회와 자원봉사.** 서울 : 홍익제.

주성수(1995). 대학의 사회봉사, 어떻게 할 것인가? **사회복지.**

주성수(1996). 대학의 자원봉사센터 운영과 대학생들의 지역사회봉사, **대학의 사회봉사.** 가톨릭대학교 사회복지연구소.

중앙일보사(1996). **청소년 자원봉사와 지도.**

한국대학사회봉사협의회(1997). **대학교육과 사회봉사.**

____________________(2001). **대학사회봉사활동 분석과 관련기관과의 연계모델 개발.**

한국복지연구회(1999). **현대 사회의 자원 봉사론.** 서울 : 유풍.

한국사회복지관협회(1996). **미국의 자원봉사 유래와 현황.**

한국사회복지협의회(1997). **자원봉사프로그램백과② -자원봉사의 기초.**

한양대학교 사회봉사단(1997). **대학의 사회봉사.** 서울 : 한양대학교출판.

함수연(2001). 대학 사회봉사교과과정에 관한 연구. 석사학위논문. 이화여자대학교 대학원.

현외성 외(1998). **대학 사회봉사론.** 서울 : 유풍.

Campus Compact(1994). *Rethinking Tradition Integrating Service with Academic Study on College Campuses.* Providence.

Campus Compact(1995). *Service Matter : A Sourcebook for Community Services in Higher Education.* Providence.

Darvill, Giles and Munday, Brian(1984). *Volunteers in the Personal Social Services.* New York : Tavistock publication.

Drucker, Peter F.(1990). *Managing the Non-profit Organization : Practice and Principles.* Harper Collins Publishers. 현영하 역 **비영리단체의 경영**(1995). 서울 : 한국경제신문사.

Hunt, Gerard J. & Mancy C. Paschall(1984). *Volunteer-forming effective citizen Groups.* New York : University Press of America.

Joan Schine. (1990). A Rationale for Youth Community Service. *Social Policy. Spring.*

Malcolm S. Knowles, Motivations in Voluntarism : Synopsis of a Theory, *Voluntary Action News*(Vol.31, Sept, 1982), Voluntary Action Center, p. 3.

McCurley, Steve. Lynch(1989). *Rich Essential Volunteer Management.* Downers Grove. IL; VM System and Heritage Arts Publishing.

Shafigul, Islam(1992). A Capitalist Cold War. Under Kirdar(ed), *Change : Threat or Opportunity*, Vol.1 Political Change. New York : United Nations.

Stenzel, Anne K. & Feeney, Helen M.(1976). *Volunteer Training and Development.* New York: The Seabury Press. Inc.

●● 저자 약력 ●●

김정진(나사렛대학교 사회복지학부 부교수)●●

- 이화여자대학교 대학원 문학박사(임상사회복지 전공)
- 「사회복지실천기술론」(공저). 서현사, 2007.
  「문화적다양성과 사회복지」(공저). 학지사, 2008.

김미숙(나사렛대학교 사회복지학부 부교수)●●

- 동경도립대학교 대학원 사회복지학 박사(사회복지학 전공)
- 노인복지론(공저). 공동체, 2007.
  "노인수발보험제도 시범사업의 케어매니지먼트 운영체계 분석에 따른 정책적 제언,"
  『사회복지정책』, 한국사회복지정책학회, 제25집.

김혜경(나사렛대학교 사회복지학부 조교수)●●

- 동경대학교 보건학 박사(국제노인보건학 전공)
- 「복지국가의 고령자 보건의료정책」(공저). 공동체, 2008.

노혁(나사렛대학교 사회복지학부 부교수)●●

- 숭실대학교 대학원 문학박사(사회복지실천방법론 전공)
- 「청소년복지론」. 교육과학사, 2007.
  「청소년상담론」(공저). 교육과학사, 2004.

도종수(나사렛대학교 사회복지학부 부교수)●●

- Ohio State University 철학박사(사회학 전공)
- 「현대사회문제」(공저). 사회문화연구소, 1991.
  「청소년문제론」(공저). 한국청소년개발원, 2005.

석말숙(나사렛대학교 사회복지학부 조교수)●●

- 이화여자대학교 대학원 문학박사(임상사회복지 전공)
- 「중도 지체장애인의 종교적 특성과 심리적 적응」. 한국학술정보, 2007.
  「장애대학생의 진로결정과 대학생활 적응에 관한 연구」. 특수교육저널, 2006.

대학인과 사회봉사 (개정판)

2005년 2월 25일 1판1쇄 발행
2009년 8월 30일 2판1쇄 발행
2010년 6월 25일 2판2쇄 발행
2011년 3월 20일 2판3쇄 발행
2012년 7월 20일 2판4쇄 발행

저　자 | 김정진 · 김미숙 · 김혜경 · 노혁 · 도종수 · 석말숙 공저
펴낸이 | 조재성
펴낸곳 | 서 현 사
410-817 경기도 고양시 일산동구 중앙로 1055번지 레이크하임 206호
(경기도 고양시 일산동구 백석2동 1332-1 레이크하임 206호)
전화 031-919-6643　　팩스 031-912-6643
ISBN | 978-89-90357-93-9 93330
등　록 | 2002년 8월 14일 제03-01392호
정　가 | 10,000원

치매예방 및 인지재활 프로그램

감수　한일우(신경과 전문의, 용인효자병원 진료원장)
저자　김동연(前 대구대 교수), 김인숙(부산여대 교수)
김태유(부산 동인노인병원 신경과장)
박래준(대구대 교수), 박정미(부산대 강사)
손기철(건국대 교수), 이경남(부산여대 교수)
이은아(서울특별시립 서대문병원 신경과장)
정효경(미래대학 주임교수), 한광일(대구 미래대 교수)

판형/쪽 : 사륙배판/288　　정가 : 18000원
발행일 : 2004. 2. 28.　　ISBN : 89-90357-13-6 93510

본서는 치매예방과 인지개발 분야의 전문가들과 치매환자 가족들 그리고 이들을 돌보는 여러 기관의 담당자들을 위하여 치매예방 및 치매환자의 인지재활에 도움이 되는 여러 가지 프로그램들을 싣고 있다. 각 프로그램들은 난이도와 주요한 개발영역이 표기되어 있어 프로그램 담당자들은 클라이언트의 상태에 따라 적합한 내용을 선택할 수 있다.

●목차

행복한 삶을 위한 일기쓰기

감수　김상윤(서울대학교 의과대학 신경과학교실 부교수)
저자　김태유(김해한솔병원 진료원장), 이은아(서대문병원 신경과 과장)

판형/쪽 : 사륙배판(2도)/200　　정가 : 10000원
발행일 : 2005. 3. 15.　　ISBN : 89-90357-27-6 13000

본서는 활용법 소개, 실제 일기쓰기 본문, 그리고 브레인헬스(brain health) 프로그램으로 구성되어 있습니다.
이 책의 활용법에는 행복한 생활을 위한 일기쓰기가 필요한 이유, 일기쓰기 구성에 대한 안내, 일기쓰기를 위한 기억소재, 일기쓰기 샘플 등의 내용이 담겨 있으며, 일기쓰기는 2달(60일 분량)이 제공됩니다. 실제 일기쓰기 3일 분량마다 브레인헬스 프로그램이 한두 개씩 삽입되는 형식으로 구성됩니다.

사회복지실습론 : 현장학습 안내서

저자 김정진(나사렛대학교 사회복지학과 교수)

판형/쪽 : 사륙배판/272 정가 : 10000원
발행일 : 2004. 1. 5. ISBN : 89-90357-14-4 93330

이 책은 사회복지 현장실습의 3대 구성요소인 학생, 실습지도자, 지도교수의 역할을 모두 경험해 본 필자의 관점에서 사회복지실습을 준비하는 학생들에게 꼭 필요한 구체적인 기술들을 안내하고 있다. 또한 실습지도자와 실습지도 교수의 역할을 안내하며 부록으로 실습을 위한 각종서식을 제공한다.

●목차

제1부 실습론
제2부 실습교육의 실제
제3부 학습(실습)계약
제4부 사회복지기관과 실습의 실제
제5부 실습학생의 책임과 필요기술
제6부 실습과제 수행을 위한 필수지식

노년기 성인교육 원리 및 접근

저자 Paulette T. Beatty, Mary Alice Wolf
역자 김지자(서울교대 교수), 강윤정 · 김갑성(미시간주립대박사)

판형/쪽 : 신국판/240 정가 : 9000원
발행일 : 2003. 5. 10 ISBN : 89-90357-03-9 93370

이 책은 노년기에 나타나는 신체적 · 정신적인 변화 및 발달의 특성들, 그리고 노년기 성인들이 그들의 삶을 긍정적으로 받아들이고, 보다 의미 있게 살아갈 수 있도록 도와주기 위한 성인학습의 기본 원리들을 노화의 원리들과 적절한 연계를 바탕으로 조화롭게 다루고 있다.
따라서 노년기 성인문제를 전공하는 노년학자나 성인교육전문가들, 노인복지, 성인교육, 상담과 봉사, 목회학 등을 전공하는 대학의 학생들이나 노인을 위한 자원봉사 및 보조활동을 하는 일반인들에게는 교과서 혹은 실습을 위한 교재로서 활용이 될 수 있다.

●목차

제1부 여행
　제1장 새로운 세계로의 힘찬 발걸음
제2부 실제를 위한 기초
　제2장 노화의 원리　제3장 학습의 원리
　제4장 통합된 열두 가지 원리
제3부 실제의 세계로 들어가기
　제5장 연계 만들기　제6장 예화 성찰
제4부 미래로의 여행
　제7장 미래를 위한 도전

Ⅰ. 사회봉사 활동지침

1. 자원의 개념

자원봉사라는 말은 라틴어 voluntas(자유의지)에 'eer'를 더하여 volunteer가 된 것으로 "인류사회의 공조(共助)를 향한 개인의 자발적 의지"를 의미한다. 따라서 "자원봉사자"는 자유의지를 가지고 사회를 위해 헌신하는 사람이다.

2. 봉사자 자신에 대한 점검

1) 봉사활동의 동기 점검

2) 자신의 성품 점검

3) 윤리적 점검

4) 기본자세

① 인간에 대한 수용적 자세와 타인의 존중

② 자신의 편견 / 한계인정

③ 힘든 일의 극복, 지속적인 자기계발 의지

④ 책임성과 성실성, 협동성, 솔선성

3. 봉사자의 자세의 주의사항

1) 학교에 대한 책임

◆ 온라인 오프라인 기본교육에 반드시 출석한다.

◆ 학교에서 요구한 기록양식을 충실히 기록하고 제출한다.

◆ 기관에서의 사회봉사활동 업무수행에 있어 문제가 발생하면 반드시 담당교수 혹은 사회봉사센터 담당자에게 연락을 취하고 지도를 받는다.

◆ 과제물은 제출기한을 엄수한다.

◆ 봉사활동 시 나사렛대학교 대표임을 잊지 않고 최선을 다한다.

2) 기관에 대한 책임

- ◆ 약속은 반드시 지킨다.
- ◆ 봉사활동 후 봉사내용에 대한 기록을 남긴다.
- ◆ 그날그날의 봉사활동에 대한 평가를 하며 다른 활동을 위해 준비한다.
- ◆ 기관의 직원과 좋은 관계를 유지해야 한다.
- ◆ 활동 중에 알게 된 기관이나 봉사대상자의 비밀은 어떤 내용이든 기관 담당자 외에 다른 사람에게 말하지 않는다.
- ◆ 밝고 명랑한 자세를 견지하고 책임감을 갖고 봉사한다.
- ◆ 봉사자 자신을 위한 교육 프로그램에 적극 참여한다.
- ◆ 위험하고 무리한 일은 절대 하지 말고, 봉사자가 해결할 수 없다고 판단되는 문제는 항상 담당직원과 의논하여 처리한다.
- ◆ 봉사자가 소속하고 있는 기관의 정책이나 봉사정신, 종교 등 기관의 특수성과 체제 등을 인정하고 수용한다.

♣ 사회봉사수강안내

- 12주의 사이버강의와 3회의 집체교육(2주차, 8주차, 15주차)을 반드시 참여하여야 하며, 학기 중 봉사활동은 30시간, 방학 중 봉사활동은 40시간을 하여야 한다.
- 등급은 Pass(P) or Non-Pass(NP)로 한다.
- 교내 헌혈캠페인을 통한 헌혈 1회 시 사회봉사활동 4시간으로 인정하되 2회(8시간)를 초과할 수 없다.(나사렛대학교 사회봉사학점 인정규정 제6조)

Ⅱ. 사회봉사 학점 취득을 위한 절차

수강신청	수강신청기간
개강 1주차	사이버강의 시작(12차시)
개강 2주차	집체교육(Orientation)
개강2~4주차	사회봉사활동신청서작성 및 확인 종합정보시스템 로그인 - 학사관리 - 사회봉사관리 - 봉사활동신청 및 조회
개강3주~14주차	봉사활동 시작 / 봉사프로그램 실행/ 사이버강의 진행
개강8주차	중간평가(집체교육)
개강15주차	기말평가(집체교육) 참석하여 사회봉사활동지침서(기말보고서, 활동일지, 사회봉사활동평가서 포함 : 자필작성)를 담당교수에게 제출

※ 사회봉사를 재수강 하는 경우에도 "사회봉사"를 처음 수강하는 경우와 동일하게 진행.

기타문의사항은 사회봉사센터 홈페이지(http://cms.kornu.ac/kr/service) 또는 **041-570-7890, 1825, 7895**로 연락하세요.

봉사활동 지침서 작성 및 제출 안내

1. 사회봉사활동 평가서 제출 방법(보고서양식 5 Page)
   ◆ 사회봉사활동 평가서는 절취하여 기관담당자에게 제출하고, 기관담당자는 봉사활동 종료 시 작성하여 나사렛대학교사회봉사센터로 우편발송이나 팩스로 발송(041-570-1643)

2. 봉사활동일지 제출 방법(보고서양식 7~20 Page)
   ◆ 사회봉사활동 지침서에 있는 활동일지 양식을 6 Page 예시를 참고하여 각 봉사활동 후 내용 및 소감을 자필로 작성한 후 기관담당자(또는 지도교수)의 확인을 받아 기말 평가 출석 시 담당교수에게 제출한다.

3. 중간보고서 제출방법(보고서 양식 21~23 Page)
   ◆ 사회봉사활동지침서에 있는 중간보고서 양식을 자필로 작성한 후 중간평가(집체교육)출석 시 담당교수에게 제출

4. 기말보고서 제출 방법(보고서 양식 25~28 Page)
   ◆ 사회봉사활동지침서에 있는 기말보고서 양식을 자필로 작성한 후 기말평가(집체교육) 출석 시 담당교수에게 제출

5. 봉사활동프로그램계획서 작성 및 제출방법(보고서 양식 29~32 Page)
   ◆ 2명이상의 학생들이 그룹으로 봉사프로그램을 직접 계획하여 실행하는 경우 사화봉사활동지침서에 있는 봉사활동 프로그램 계획서를 작성하여 4주차에 담당교수에게 제출, 확인 후 프로그램진행 시작

* 봉사활동을 다 마친 후에는 '사회복지봉사활동인증관리(http://www.vms.or.kr)'에 '자원봉사자' 회원으로 가입해 주세요.
'사회복지봉사활동인증관리(vms)'란, 보건복지부에서 한국사회복지협의회에 위탁하여 운영하고 있으며, 자원봉사자들의 활동 실적을 등록하고 '봉사활동 실적 인증서'를 발급해 주는 곳입니다.

사회봉사활동 평가서

<table>
<tr><td rowspan="13">봉
사
활
동

확
인
서</td><td colspan="2" rowspan="2">봉 사 활 동
수 행 자</td><td colspan="6">학부(과): 학년: 학번:</td></tr>
<tr><td colspan="2">성 명</td><td></td><td colspan="2">연락처</td><td></td></tr>
<tr><td colspan="2">봉사활동 기관명</td><td colspan="3"></td><td colspan="2">봉사활동내용</td><td></td></tr>
<tr><td colspan="2">봉사활동 기간</td><td colspan="6">20 년 월 일 - 20 년 월 일</td></tr>
<tr><td>월/일</td><td colspan="2">시간 (총시간)</td><td>월/일</td><td colspan="2">시간 (총시간)</td><td>월/일</td><td>시간 (총시간)</td></tr>
<tr><td>/</td><td colspan="2">: ~ : ( )</td><td>/</td><td colspan="2">: ~ : ( )</td><td>/</td><td>: ~ : ( )</td></tr>
<tr><td>/</td><td colspan="2">: ~ : ( )</td><td>/</td><td colspan="2">: ~ : ( )</td><td>/</td><td>: ~ : ( )</td></tr>
<tr><td>/</td><td colspan="2">: ~ : ( )</td><td>/</td><td colspan="2">: ~ : ( )</td><td>/</td><td>: ~ : ( )</td></tr>
<tr><td>/</td><td colspan="2">: ~ : ( )</td><td>/</td><td colspan="2">: ~ : ( )</td><td>/</td><td>: ~ : ( )</td></tr>
<tr><td>/</td><td colspan="2">: ~ : ( )</td><td>/</td><td colspan="2">: ~ : ( )</td><td>/</td><td>: ~ : ( )</td></tr>
<tr><td>/</td><td colspan="2">: ~ : ( )</td><td>/</td><td colspan="2">: ~ : ( )</td><td>/</td><td>: ~ : ( )</td></tr>
<tr><td>/</td><td colspan="2">: ~ : ( )</td><td>/</td><td colspan="2">: ~ : ( )</td><td>/</td><td>: ~ : ( )</td></tr>
<tr><td colspan="2">총 봉사 시간</td><td colspan="6">시간</td></tr>
<tr><td rowspan="6">평
가
서</td><td colspan="2">평가항목</td><td colspan="3">평가</td><td colspan="3">평가자의 의견</td></tr>
<tr><td colspan="2">봉사자의 태도</td><td colspan="3">A B C D F</td><td colspan="3" rowspan="5"></td></tr>
<tr><td colspan="2">직원과의 관계</td><td colspan="3">A B C D F</td></tr>
<tr><td colspan="2">대상자와의 관계</td><td colspan="3">A B C D F</td></tr>
<tr><td colspan="2">업무의 효과적 수행</td><td colspan="3">A B C D F</td></tr>
<tr><td colspan="2">전체적인 평가</td><td colspan="3">A B C D F</td></tr>
</table>

위와 같이 사회봉사활동에 참여하여 봉사활동을 수행하였음을 확인합니다.

20 년 월 일

기관명 : (직인)

담당자 : (인)

나사렛대학교 사회봉사센터 귀중

※ 기관장 또는 담당자가 직접 평가하여 주십시오.

※ 확인서・평가서는 우편 또는 팩스 발송하여 주시기 바랍니다. 인편의 경우 봉인하여 보내주시기 바랍니다.
주소: 충남 천안시 서북구 쌍용동 월봉로 48 나사렛대학교 사회봉사센터, 팩스 : 041-570-1643

사회봉사활동 일지(예시)

<table>
<tr><td>봉사활동일시</td><td colspan="2">20 년 O 월 O 일</td><td>봉사활동시간</td><td>9:00 ~ 13:00 (4시간)</td></tr>
<tr><td rowspan="3">봉사활동수행자</td><td colspan="4">OOOO 학부(과) OOOO 전공 O 학년</td></tr>
<tr><td>성 명</td><td>정 나 눔</td><td>학 번</td><td>OOOOOOO</td></tr>
<tr><td>활동기관</td><td>OO장애인복지관</td><td>담당교수</td><td>O O O 교수</td></tr>
<tr><td>활 동 유 형</td><td colspan="4">장애아동 주간보호반 활동 도우미
예시) 시설 업무지원, 가정방문봉사, 환경보전활동, 행사지원, 방과 후 도우미,
시설 환경정비, 활동보조교사, 목욕도우미, 재가서비스 지원 등</td></tr>
<tr><td rowspan="8">봉사활동내용
(시간별로 기재)</td><td colspan="2">9 : 00 ~ 10 : 00</td><td colspan="2">장애아동 주간보호반 대청소</td></tr>
<tr><td colspan="2">10 : 00 ~ 11 : 00</td><td colspan="2">장애아동 놀이활동 보조</td></tr>
<tr><td colspan="2">11 : 00 ~ 12 : 00</td><td colspan="2">장애아동 체육활동 도우미</td></tr>
<tr><td colspan="2">12 : 00 ~ 13 : 00</td><td colspan="2">장애아동 점심식사 지원</td></tr>
<tr><td colspan="2"></td><td colspan="2"></td></tr>
<tr><td colspan="2"></td><td colspan="2"></td></tr>
<tr><td colspan="2"></td><td colspan="2"></td></tr>
<tr><td colspan="2"></td><td colspan="2"></td></tr>
<tr><td>봉사활동소감</td><td colspan="4">장애인복지관내 주간보호반에서 장애아동과 함께하는 봉사활동은 이번이 처음이다. 장애아동뿐 아니라 아동을 돌보는 일이 익숙하지 않아 많은 걱정이 되었지만 점점 시간이 지날수록 이 아이들도 여느 일반아이들과 다름없는 소중한 아이들임을 알게 되었다. 아이들의 하루 활동을 위해 주간보호반을 청소하며 밝게 웃는 아이들을 생각하니 뿌듯한 생각이 들었다. 아이들과 함께하는 놀이활동과 체육활동을 통해 서로 스킨십을 나누며 또 다른 소통의 채널을 갖게 된 것 같다. 처음 봉사활동을 시작할 때보다 아동들에 대한 대처능력도 생긴 것 같고 아이들과 지내는 일이 수월해진 느낌이 든다. 장애를 가진 사람들에 대한 편견도 줄어들었고 이 아이들을 통해 더 많은 것을 얻어가고 있음을 느끼며, 몸은 비록 힘들었지만 큰 보람을 얻는 시간이었다.</td></tr>
<tr><td>건 의 사 항</td><td colspan="4"></td></tr>
<tr><td>기관봉사담당자</td><td colspan="2">O O O (인)</td><td>봉 사 자</td><td>정 나 눔 (인)</td></tr>
</table>

사회봉사활동 일지(1)

<table>
<tr><td>봉사활동일시</td><td colspan="2">20 년 월 일</td><td>봉사활동시간</td><td>~ (시간)</td></tr>
<tr><td rowspan="3">봉사활동수행자</td><td colspan="4">학부(과) 전공 학년</td></tr>
<tr><td>성 명</td><td></td><td>학 번</td><td></td></tr>
<tr><td>활동기관</td><td></td><td>담당교수</td><td>교수</td></tr>
<tr><td>활 동 유 형</td><td colspan="4"></td></tr>
<tr><td rowspan="8">봉사활동내용
(시간별로 기재)</td><td></td><td colspan="3"></td></tr>
<tr><td></td><td colspan="3"></td></tr>
<tr><td></td><td colspan="3"></td></tr>
<tr><td></td><td colspan="3"></td></tr>
<tr><td></td><td colspan="3"></td></tr>
<tr><td></td><td colspan="3"></td></tr>
<tr><td></td><td colspan="3"></td></tr>
<tr><td></td><td colspan="3"></td></tr>
<tr><td>봉사활동소감</td><td colspan="4"></td></tr>
<tr><td>건 의 사 항</td><td colspan="4"></td></tr>
<tr><td>기관봉사담당자</td><td>(인)</td><td>봉 사 자</td><td colspan="2">(인)</td></tr>
</table>

사회봉사활동 일지(2)

<table>
<tr><td>봉사활동일시</td><td colspan="2">20 년 월 일</td><td>봉사활동시간</td><td colspan="2">~ (시간)</td></tr>
<tr><td rowspan="3">봉사활동수행자</td><td colspan="5">학부(과) 전공 학년</td></tr>
<tr><td>성 명</td><td></td><td>학 번</td><td colspan="2"></td></tr>
<tr><td>활동기관</td><td></td><td>담당교수</td><td colspan="2">교수</td></tr>
<tr><td>활 동 유 형</td><td colspan="5"></td></tr>
<tr><td rowspan="8">봉사활동내용
(시간별로 기재)</td><td colspan="2"></td><td colspan="3"></td></tr>
<tr><td colspan="2"></td><td colspan="3"></td></tr>
<tr><td colspan="2"></td><td colspan="3"></td></tr>
<tr><td colspan="2"></td><td colspan="3"></td></tr>
<tr><td colspan="2"></td><td colspan="3"></td></tr>
<tr><td colspan="2"></td><td colspan="3"></td></tr>
<tr><td colspan="2"></td><td colspan="3"></td></tr>
<tr><td colspan="2"></td><td colspan="3"></td></tr>
<tr><td>봉사활동소감</td><td colspan="5"></td></tr>
<tr><td>건 의 사 항</td><td colspan="5"></td></tr>
<tr><td>기관봉사담당자</td><td colspan="2">(인)</td><td>봉 사 자</td><td colspan="2">(인)</td></tr>
</table>

사회봉사활동 일지(3)

<table>
<tr><td>봉사활동일시</td><td colspan="2">20 년 월 일</td><td>봉사활동시간</td><td colspan="2">~ (시간)</td></tr>
<tr><td rowspan="3">봉사활동수행자</td><td colspan="5">학부(과) 전공 학년</td></tr>
<tr><td>성 명</td><td></td><td>학 번</td><td colspan="2"></td></tr>
<tr><td>활동기관</td><td></td><td>담당교수</td><td colspan="2">교수</td></tr>
<tr><td>활 동 유 형</td><td colspan="5"></td></tr>
<tr><td rowspan="8">봉사활동내용
(시간별로 기재)</td><td></td><td colspan="4"></td></tr>
<tr><td></td><td colspan="4"></td></tr>
<tr><td></td><td colspan="4"></td></tr>
<tr><td></td><td colspan="4"></td></tr>
<tr><td></td><td colspan="4"></td></tr>
<tr><td></td><td colspan="4"></td></tr>
<tr><td></td><td colspan="4"></td></tr>
<tr><td></td><td colspan="4"></td></tr>
<tr><td>봉사활동소감</td><td colspan="5"></td></tr>
<tr><td>건 의 사 항</td><td colspan="5"></td></tr>
<tr><td>기관봉사담당자</td><td colspan="2">(인)</td><td>봉 사 자</td><td colspan="2">(인)</td></tr>
</table>

사회봉사활동 일지(4)

<table>
<tr><td>봉사활동일시</td><td colspan="2">20 년 월 일</td><td>봉사활동시간</td><td>~ (시간)</td></tr>
<tr><td rowspan="3">봉사활동수행자</td><td colspan="4">학부(과) 전공 학년</td></tr>
<tr><td>성 명</td><td></td><td>학 번</td><td></td></tr>
<tr><td>활동기관</td><td></td><td>담당교수</td><td>교수</td></tr>
<tr><td>활 동 유 형</td><td colspan="4"></td></tr>
<tr><td rowspan="8">봉사활동내용
(시간별로 기재)</td><td colspan="2"></td><td colspan="2"></td></tr>
<tr><td colspan="2"></td><td colspan="2"></td></tr>
<tr><td colspan="2"></td><td colspan="2"></td></tr>
<tr><td colspan="2"></td><td colspan="2"></td></tr>
<tr><td colspan="2"></td><td colspan="2"></td></tr>
<tr><td colspan="2"></td><td colspan="2"></td></tr>
<tr><td colspan="2"></td><td colspan="2"></td></tr>
<tr><td colspan="2"></td><td colspan="2"></td></tr>
<tr><td>봉사활동소감</td><td colspan="4"></td></tr>
<tr><td>건 의 사 항</td><td colspan="4"></td></tr>
<tr><td>기관봉사담당자</td><td colspan="2">(인)</td><td>봉 사 자</td><td>(인)</td></tr>
</table>

사회봉사활동 일지(5)

<table>
<tr><td>봉사활동일시</td><td>20 년 월 일</td><td>봉사활동시간</td><td colspan="2">~ (시간)</td></tr>
<tr><td rowspan="3">봉사활동수행자</td><td colspan="4">학부(과) 전공 학년</td></tr>
<tr><td>성 명</td><td></td><td>학 번</td><td></td></tr>
<tr><td>활동기관</td><td></td><td>담당교수</td><td>교수</td></tr>
<tr><td>활 동 유 형</td><td colspan="4"></td></tr>
<tr><td rowspan="8">봉사활동내용
(시간별로 기재)</td><td></td><td colspan="3"></td></tr>
<tr><td></td><td colspan="3"></td></tr>
<tr><td></td><td colspan="3"></td></tr>
<tr><td></td><td colspan="3"></td></tr>
<tr><td></td><td colspan="3"></td></tr>
<tr><td></td><td colspan="3"></td></tr>
<tr><td></td><td colspan="3"></td></tr>
<tr><td></td><td colspan="3"></td></tr>
<tr><td>봉사활동소감</td><td colspan="4"></td></tr>
<tr><td>건 의 사 항</td><td colspan="4"></td></tr>
<tr><td>기관봉사담당자</td><td>(인)</td><td>봉 사 자</td><td colspan="2">(인)</td></tr>
</table>

사회봉사활동 일지(6)

<table>
<tr><td>봉사활동일시</td><td colspan="2">20 년 월 일</td><td>봉사활동시간</td><td colspan="2">~ (시간)</td></tr>
<tr><td rowspan="3">봉사활동수행자</td><td colspan="5">학부(과) 전공 학년</td></tr>
<tr><td>성 명</td><td></td><td>학 번</td><td colspan="2"></td></tr>
<tr><td>활동기관</td><td></td><td>담당교수</td><td colspan="2">교수</td></tr>
<tr><td>활 동 유 형</td><td colspan="5"></td></tr>
<tr><td rowspan="8">봉사활동내용
(시간별로 기재)</td><td></td><td colspan="4"></td></tr>
<tr><td></td><td colspan="4"></td></tr>
<tr><td></td><td colspan="4"></td></tr>
<tr><td></td><td colspan="4"></td></tr>
<tr><td></td><td colspan="4"></td></tr>
<tr><td></td><td colspan="4"></td></tr>
<tr><td></td><td colspan="4"></td></tr>
<tr><td></td><td colspan="4"></td></tr>
<tr><td>봉사활동소감</td><td colspan="5"></td></tr>
<tr><td>건 의 사 항</td><td colspan="5"></td></tr>
<tr><td>기관봉사담당자</td><td colspan="2">(인)</td><td>봉 사 자</td><td colspan="2">(인)</td></tr>
</table>

사회봉사활동 일지(7)

<table>
<tr><td>봉사활동일시</td><td colspan="2">20 년 월 일</td><td>봉사활동시간</td><td colspan="2">~ (시간)</td></tr>
<tr><td rowspan="3">봉사활동수행자</td><td colspan="5">학부(과) 전공 학년</td></tr>
<tr><td>성 명</td><td></td><td>학 번</td><td colspan="2"></td></tr>
<tr><td>활동기관</td><td></td><td>담당교수</td><td colspan="2">교수</td></tr>
<tr><td>활 동 유 형</td><td colspan="5"></td></tr>
<tr><td rowspan="8">봉사활동내용
(시간별로 기재)</td><td colspan="2"></td><td colspan="3"></td></tr>
<tr><td colspan="2"></td><td colspan="3"></td></tr>
<tr><td colspan="2"></td><td colspan="3"></td></tr>
<tr><td colspan="2"></td><td colspan="3"></td></tr>
<tr><td colspan="2"></td><td colspan="3"></td></tr>
<tr><td colspan="2"></td><td colspan="3"></td></tr>
<tr><td colspan="2"></td><td colspan="3"></td></tr>
<tr><td colspan="2"></td><td colspan="3"></td></tr>
<tr><td>봉사활동소감</td><td colspan="5"></td></tr>
<tr><td>건 의 사 항</td><td colspan="5"></td></tr>
<tr><td>기관봉사담당자</td><td colspan="2">(인)</td><td>봉 사 자</td><td colspan="2">(인)</td></tr>
</table>

사회봉사활동 일지(8)

<table>
<tr><td>봉사활동일시</td><td>20 년 월 일</td><td>봉사활동시간</td><td colspan="2">~ (시간)</td></tr>
<tr><td rowspan="3">봉사활동수행자</td><td colspan="4">학부(과) 전공 학년</td></tr>
<tr><td>성 명</td><td></td><td>학 번</td><td></td></tr>
<tr><td>활동기관</td><td></td><td>담당교수</td><td>교수</td></tr>
<tr><td>활 동 유 형</td><td colspan="4"></td></tr>
<tr><td rowspan="8">봉사활동내용
(시간별로 기재)</td><td></td><td colspan="3"></td></tr>
<tr><td></td><td colspan="3"></td></tr>
<tr><td></td><td colspan="3"></td></tr>
<tr><td></td><td colspan="3"></td></tr>
<tr><td></td><td colspan="3"></td></tr>
<tr><td></td><td colspan="3"></td></tr>
<tr><td></td><td colspan="3"></td></tr>
<tr><td></td><td colspan="3"></td></tr>
<tr><td>봉사활동소감</td><td colspan="4"></td></tr>
<tr><td>건 의 사 항</td><td colspan="4"></td></tr>
<tr><td>기관봉사담당자</td><td>(인)</td><td>봉 사 자</td><td colspan="2">(인)</td></tr>
</table>

사회봉사활동 일지(9)

<table>
<tr><td>봉사활동일시</td><td colspan="2">20 년 월 일</td><td>봉사활동시간</td><td colspan="2">~ (시간)</td></tr>
<tr><td rowspan="3">봉사활동수행자</td><td colspan="5">학부(과) 전공 학년</td></tr>
<tr><td>성 명</td><td></td><td>학 번</td><td colspan="2"></td></tr>
<tr><td>활동기관</td><td></td><td>담당교수</td><td colspan="2">교수</td></tr>
<tr><td>활 동 유 형</td><td colspan="5"></td></tr>
<tr><td rowspan="8">봉사활동내용
(시간별로 기재)</td><td></td><td colspan="4"></td></tr>
<tr><td></td><td colspan="4"></td></tr>
<tr><td></td><td colspan="4"></td></tr>
<tr><td></td><td colspan="4"></td></tr>
<tr><td></td><td colspan="4"></td></tr>
<tr><td></td><td colspan="4"></td></tr>
<tr><td></td><td colspan="4"></td></tr>
<tr><td></td><td colspan="4"></td></tr>
<tr><td>봉사활동소감</td><td colspan="5"></td></tr>
<tr><td>건 의 사 항</td><td colspan="5"></td></tr>
<tr><td>기관봉사담당자</td><td colspan="2">(인)</td><td>봉 사 자</td><td colspan="2">(인)</td></tr>
</table>

사회봉사활동 일지(10)

<table>
<tr><td>봉사활동일시</td><td colspan="2">20 년 월 일</td><td>봉사활동시간</td><td colspan="2">~ (시간)</td></tr>
<tr><td rowspan="3">봉사활동수행자</td><td colspan="5">학부(과) 전공 학년</td></tr>
<tr><td>성 명</td><td></td><td>학 번</td><td colspan="2"></td></tr>
<tr><td>활동기관</td><td></td><td>담당교수</td><td colspan="2">교수</td></tr>
<tr><td>활 동 유 형</td><td colspan="5"></td></tr>
<tr><td rowspan="8">봉사활동내용
(시간별로 기재)</td><td colspan="2"></td><td colspan="3"></td></tr>
<tr><td colspan="2"></td><td colspan="3"></td></tr>
<tr><td colspan="2"></td><td colspan="3"></td></tr>
<tr><td colspan="2"></td><td colspan="3"></td></tr>
<tr><td colspan="2"></td><td colspan="3"></td></tr>
<tr><td colspan="2"></td><td colspan="3"></td></tr>
<tr><td colspan="2"></td><td colspan="3"></td></tr>
<tr><td colspan="2"></td><td colspan="3"></td></tr>
<tr><td>봉사활동소감</td><td colspan="5"></td></tr>
<tr><td>건 의 사 항</td><td colspan="5"></td></tr>
<tr><td>기관봉사담당자</td><td colspan="2">(인)</td><td>봉 사 자</td><td colspan="2">(인)</td></tr>
</table>

사회봉사활동 일지(11)

<table>
<tr><td>봉사활동일시</td><td colspan="2">20 년 월 일</td><td>봉사활동시간</td><td>~ (시간)</td></tr>
<tr><td rowspan="3">봉사활동수행자</td><td colspan="4">학부(과) 전공 학년</td></tr>
<tr><td>성 명</td><td></td><td>학 번</td><td></td></tr>
<tr><td>활동기관</td><td></td><td>담당교수</td><td>교수</td></tr>
<tr><td>활 동 유 형</td><td colspan="4"></td></tr>
<tr><td rowspan="8">봉사활동내용
(시간별로 기재)</td><td></td><td colspan="3"></td></tr>
<tr><td></td><td colspan="3"></td></tr>
<tr><td></td><td colspan="3"></td></tr>
<tr><td></td><td colspan="3"></td></tr>
<tr><td></td><td colspan="3"></td></tr>
<tr><td></td><td colspan="3"></td></tr>
<tr><td></td><td colspan="3"></td></tr>
<tr><td></td><td colspan="3"></td></tr>
<tr><td>봉사활동소감</td><td colspan="4"></td></tr>
<tr><td>건 의 사 항</td><td colspan="4"></td></tr>
<tr><td>기관봉사담당자</td><td>(인)</td><td>봉 사 자</td><td colspan="2">(인)</td></tr>
</table>

사회봉사활동 일지(12)

<table>
<tr><td>봉사활동일시</td><td>20 년 월 일</td><td>봉사활동시간</td><td colspan="2">~ (시간)</td></tr>
<tr><td rowspan="3">봉사활동수행자</td><td colspan="4">학부(과) 전공 학년</td></tr>
<tr><td>성 명</td><td></td><td>학 번</td><td></td></tr>
<tr><td>활동기관</td><td></td><td>담당교수</td><td>교수</td></tr>
<tr><td>활 동 유 형</td><td colspan="4"></td></tr>
<tr><td rowspan="8">봉사활동내용
(시간별로 기재)</td><td></td><td colspan="3"></td></tr>
<tr><td></td><td colspan="3"></td></tr>
<tr><td></td><td colspan="3"></td></tr>
<tr><td></td><td colspan="3"></td></tr>
<tr><td></td><td colspan="3"></td></tr>
<tr><td></td><td colspan="3"></td></tr>
<tr><td></td><td colspan="3"></td></tr>
<tr><td></td><td colspan="3"></td></tr>
<tr><td>봉사활동소감</td><td colspan="4"></td></tr>
<tr><td>건 의 사 항</td><td colspan="4"></td></tr>
<tr><td>기관봉사담당자</td><td>(인)</td><td>봉 사 자</td><td colspan="2">(인)</td></tr>
</table>

사회봉사활동 일지(13)

<table>
<tr><td>봉사활동일시</td><td colspan="2">20 년 월 일</td><td>봉사활동시간</td><td colspan="2">~ (시간)</td></tr>
<tr><td rowspan="3">봉사활동수행자</td><td colspan="5">학부(과) 전공 학년</td></tr>
<tr><td>성 명</td><td colspan="2"></td><td>학 번</td><td></td></tr>
<tr><td>활동기관</td><td colspan="2"></td><td>담당교수</td><td>교수</td></tr>
<tr><td>활 동 유 형</td><td colspan="5"></td></tr>
<tr><td rowspan="8">봉사활동내용
(시간별로 기재)</td><td></td><td colspan="4"></td></tr>
<tr><td></td><td colspan="4"></td></tr>
<tr><td></td><td colspan="4"></td></tr>
<tr><td></td><td colspan="4"></td></tr>
<tr><td></td><td colspan="4"></td></tr>
<tr><td></td><td colspan="4"></td></tr>
<tr><td></td><td colspan="4"></td></tr>
<tr><td></td><td colspan="4"></td></tr>
<tr><td>봉사활동소감</td><td colspan="5"></td></tr>
<tr><td>건 의 사 항</td><td colspan="5"></td></tr>
<tr><td>기관봉사담당자</td><td colspan="2">(인)</td><td>봉 사 자</td><td colspan="2">(인)</td></tr>
</table>

사회봉사활동 일지(14)

<table>
<tr><td>봉사활동일시</td><td colspan="2">20 년 월 일</td><td>봉사활동시간</td><td>~ (시간)</td></tr>
<tr><td rowspan="3">봉사활동수행자</td><td colspan="4">학부(과) 전공 학년</td></tr>
<tr><td>성 명</td><td></td><td>학 번</td><td></td></tr>
<tr><td>활동기관</td><td></td><td>담당교수</td><td>교수</td></tr>
<tr><td>활 동 유 형</td><td colspan="4"></td></tr>
<tr><td rowspan="8">봉사활동내용
(시간별로 기재)</td><td colspan="2"></td><td colspan="2"></td></tr>
<tr><td colspan="2"></td><td colspan="2"></td></tr>
<tr><td colspan="2"></td><td colspan="2"></td></tr>
<tr><td colspan="2"></td><td colspan="2"></td></tr>
<tr><td colspan="2"></td><td colspan="2"></td></tr>
<tr><td colspan="2"></td><td colspan="2"></td></tr>
<tr><td colspan="2"></td><td colspan="2"></td></tr>
<tr><td colspan="2"></td><td colspan="2"></td></tr>
<tr><td>봉사활동소감</td><td colspan="4"></td></tr>
<tr><td>건 의 사 항</td><td colspan="4"></td></tr>
<tr><td>기관봉사담당자</td><td colspan="2">(인)</td><td>봉 사 자</td><td>(인)</td></tr>
</table>

사회봉사활동 중간보고서

<table>
<tr><td rowspan="3">봉사활동 수행자</td><td>성명</td><td></td><td>학과</td><td></td></tr>
<tr><td>학년</td><td></td><td>학번</td><td></td></tr>
<tr><td>연락처</td><td></td><td>수업시간</td><td>____요일____교시</td></tr>
<tr><td rowspan="3">봉사활동 기관명</td><td>기관명</td><td></td><td>전화번호</td><td></td></tr>
<tr><td>주소</td><td colspan="3"></td></tr>
<tr><td>기관 담당자</td><td></td><td>활동내용</td><td></td></tr>
<tr><td>기관의 주요사업 및 목적</td><td colspan="4"></td></tr>
</table>

	1) 기관의 사전교육 내용 요약
	2) 봉사활동의 목표와 성취, 봉사활동을 하면서 새롭게 깨달은 점, 봉사활동 수행에 어려웠던 점 등

3) 봉사활동을 통한 인식의 변화 (대상에 대한 이해 혹은 봉사활동 전과 현재의 자신의 변화)

4) 남은 봉사활동에 대한 계획, 바라는 점

인생 90년을 축구경기 90분에 비유하면,

인생90년을 축구로 비유하면 너희는 지금 전반 19분을 뛰는 중이야.
전반 19분에 한골 먹었다고 '아, 이제 끝이다!' 하고 집에 가는 축구선수는 없어.
앞으로 후반전, 연장전이 많이 남아 있어.

난 스무 살 넘어서까지 골 많이 먹은 사람이야.
내가 고졸 이후 6년 동안 보낸 시간은, 나를 다지는 시간이 됐어.
내가 야무지게 살 수 있는 바탕이 됐지.

'너무 늦었나!' 하는 생각이 들지도 모르지만, 절대로 그렇지 않아.
전반 19분에 골을 먹어도 만회할 시간은 충분히 있어!

내 나이 22.
아직 전반전이 채 끝나지도 않았다.
전반전에 10골이 먹히든, 20골이 먹히든,
그 경기를 끝났다고 하는 사람은 없다.
언제든지 역전 가능성이 존재하는 게임이라는 것이다.
왜냐하면 아직 전반전이 23분이나 남았고, 후반전도 있고,
운 좋으면 연장전도 남아있기 때문이다.

아직 전반전도 끝나지 않은 인생에서,
지금 뭔가가 틀어졌다고 해서 쉽게 좌절하고 다 포기해 버린다는 것은,
참으로 아까운 일이 아닐 수 없다.

한비야. 『지도 밖으로 행군하라』

사회봉사활동 기말보고서

봉사활동 수행자	성명		학과	
	학년		학번	
	연락처		수업시간	____요일____교시
봉사활동 기관명	기관명		전화번호	
	주소			
	기관 담당자		활동내용	
총평	1) 봉사활동에 임한 자신의 평가			

2) 봉사활동 내용에 대한 평가

3) 사회봉사활동이 자신에게 미친 영향

4) 가장 인상 깊었던 점

5) 봉사활동 중 문제점 및 개선 방안

6) 기타(사회봉사센터에 바라는 점)

봉사활동 프로그램 계획서

프로그램명				
지도교수	지도교수명		소속	학부(과)
	연락처			
봉사활동 수행자	조원이름	학과	학번	연락처
프로그램 목적 및 목표				

활동기간		
총봉사활동 시간	봉사활동 횟수	총 회
	봉사활동 시간	총 시간
	1회당 평균 시간	시간
활동장소		활동 장소
프로그램 내용 (세부일정)	일정(날짜)	활동 내용
		(세부내용, 방법, 장소 등에 대해 상세하게 작성)

향후계획	
봉사활동 평가	(봉사활동 내용의 평가 일시, 방법, 기준 등에 대해 기술)

기대효과	
비고	

지도교수__________(인)